国家社会科学基金（教育学）重大项目（VDA200004）阶段性研究成果

北京外国语大学"双一流"建设标志性项目（BW202018）阶段性研究成果

"一带一路"国家文化教育大系　　　　　　总主编　王定华

加蓬
文化教育研究

La République Gabonaise
Culture et Éducation

顾晓燕　游滔　著

外语教学与研究出版社
FOREIGN LANGUAGE TEACHING AND RESEARCH PRESS
北京 BEIJING

图书在版编目（CIP）数据

加蓬文化教育研究 / 顾晓燕，游滔著. —— 北京：外语教学与研究出版社，2022.10（2023.9 重印）
（"一带一路"国家文化教育大系 / 王定华总主编）
ISBN 978-7-5213-4000-6

I. ①加… Ⅱ. ①顾… ②游… Ⅲ. ①教育研究－加蓬 Ⅳ. ①G546.5

中国版本图书馆 CIP 数据核字（2022）第 184287 号

出 版 人　王　芳
项目负责　孙凤兰　巢小倩
责任编辑　巢小倩
责任校对　姚希瑞
装帧设计　李　高
出版发行　外语教学与研究出版社
社　　址　北京市西三环北路 19 号（100089）
网　　址　https://www.fltrp.com
印　　刷　北京盛通印刷股份有限公司
开　　本　787×1092　1/16
印　　张　15　彩插 1 印张
版　　次　2022 年 12 月第 1 版　2023 年 9 月第 2 次印刷
书　　号　ISBN 978-7-5213-4000-6
定　　价　120.00 元

如有图书采购需求，图书内容或印刷装订等问题，侵权、盗版书籍等线索，请拨打以下电话或关注官方服务号：
客服电话：400 898 7008
官方服务号：微信搜索并关注公众号"外研社官方服务号"
外研社购书网址：https://fltrp.tmall.com

物料号：340000001

记载人类文明
沟通世界文化
www.fltrp.com

"一带一路"国家文化教育大系编写委员会

顾　问： 顾明远　　马克垚　　胡文仲

总主编： 王定华

委　员（按姓氏音序排列）：

常福良	戴桂菊	郭小凌	金利民	柯　静	李洪峰
刘宝存	刘　捷	刘生全	刘欣路	钱乘旦	秦惠民
苏莹莹	陶家俊	王　芳	谢维和	徐　辉	徐建中
杨慧林	张民选	赵　刚			

"一带一路"国家文化教育大系编审委员会

主　任： 王　芳

副主任： 徐建中　　刘　捷

秘书长： 孙凤兰

委　员（按姓氏音序排列）：

蔡　喆	柴方圆	巢小倩	杜晓沫	华宝宁	焦缨添
刘相东	刘真福	马庆洲	彭立帆	石筠弢	孙　慧
万作芳	王名扬	杨鲁新	姚希瑞	苑大勇	张小玉
赵　雪	祝　军				

利伯维尔海景

山区风光

加蓬乡村风光

旺戈族雕塑

加蓬妇女

利伯维尔的幼儿园大门

利伯维尔的幼儿园内部

曼德拉学校

加蓬的中学生

中国援建的职业技术学校

职业技术学校校园

职业技术学校教室

奥马尔·邦戈大学大门

奥马尔·邦戈大学食堂

奥马尔·邦戈大学图书馆

孔子学院大门

孔子学院内的中式装饰

孔子学院的手工活动

孔子学院的学生

出版说明

2013 年 9 月 7 日，国家主席习近平提出共建"丝绸之路经济带"重大倡议。2013 年 10 月 3 日，习近平主席提出共建"21 世纪海上丝绸之路"重大倡议。两者合称"一带一路"倡议。以 2013 年金秋为起点，"一带一路"倡议作为构建人类命运共同体的伟大设想，在开拓和平、繁荣、开放、绿色、创新、文明之路的非凡征程中，孕育生机和活力，汇聚信心和期待，在世界范围内广受欢迎和响应。

文化交流、文明互鉴是构建人类命运共同体的人文基础。文化发展，教育先行。作为"共和国外交官的摇篮"、文化教育的主动践行者、"一带一路"倡议的踊跃响应者和构建人类命运共同体的积极参与者，北京外国语大学在党委书记王定华教授的带领下，放眼世界，找准坐标，勇于担当，主动作为，深耕文化教育相关领域，研究、策划并组织编写了"一带一路"国家文化教育大系（以下简称大系）。国内相关高校和研究机构的众多专家学者献计献策，踊跃参加，形成了一个范围广泛、交流互动、共同进步的"一带一路"国家文化教育学术研究共同体。大系旨在填补国内相关研究领域的学术空白，实现"一带一路"国家教育研究全覆盖，为中国教育"走出去"和相关国家先进教育理念"请进来"提供科学理论和实践指导，具有重要的学术价值。同时，大系服务国家重大战略，通过分期分批出版，形成规模和品牌，向中国共产党建党一百周年和"一带一路"倡议提出十周年献礼，具有深远的意义。

作为国家社会科学基金（教育学）重大项目"新时代提升中国参与全球教育治理的能力及策略研究"、北京外国语大学"双一流"建设标志性项目"'一带一路'国家文化教育研究"的课题研究成果和北京外国语大学党委的"奋进之举"，大系秉承学术性与可读性兼顾的原则，对"一带一路"国家文化教育理论与实践问题展开深入研究，从国情概览、文化传统、教育历史、学前教育、基础教育、高等教育、职业教育、成人教育、教师教育、教育政策、教育行政、教育交流等方面，全景擘画"一带一路"国家的教育风貌，帮助读者了解"一带一路"国家教育的历史与现状、经验与特点，为我国教育的发展和对外交流合作提供有益的借鉴、思考与启迪。

肆虐全球的新冠肺炎疫情严重影响了各国人民的生产生活，带来了二战以来人类面临的最严重的全球性危机，同时也再次阐述了人类命运共同体深刻内涵的世界性意义。在疫情防控常态化背景下，大系所有专家学者不畏困难，齐心协力，直面挑战，守望相助，化危为机，切实履行了响应和支持"一带一路"倡议的承诺。在此，特别感谢大系总策划、总主编王定华教授，以及所有顾问、编委和作者的心血倾注、智慧贡献和努力付出。

外语教学与研究出版社对大系的编写和出版工作给予了高度重视。自2019 年项目启动以来，外研社抽调精锐力量成立大系工作组，多次组织相关部门和人员召开选题论证会，商建编委会，召开全体作者大会，制订周密、科学的出版计划，以保证项目的顺利开展和图书的优质出版。目前，大系的出版工作已取得阶段性成果，预计在 2023 年"一带一路"倡议提出十周年之前，将分期分批推出数量和规模可观的、具有相当科研价值和学术价值的系列专著。期望大系的编写和出版能为"一带一路"建设、中外教育交流及我国文化教育发展发挥基础性、服务性、广远性的作用。

外语教学与研究出版社
2021 年 4 月

总　序

王定华

改革开放以来，中国各项事业取得了巨大成就。中国经济和世界经济高度关联，中国一以贯之地坚持对外开放的基本国策，构建全方位开放新格局，深度融入世界经济体系。2013 年 9 月和 10 月，习近平主席在出访中亚和东南亚国家期间，先后提出共建"丝绸之路经济带"和"21 世纪海上丝绸之路"的重大倡议（以下简称"一带一路"倡议），得到国际社会的高度关注。其中，"丝绸之路经济带"东边牵着亚太经济圈，西边系着发达的欧洲经济圈，是世界上最长、最具发展潜力的经济大走廊；"21 世纪海上丝绸之路"串起连通东盟、南亚、西亚、北非、欧洲等各大经济板块的市场链，发展面向南海、太平洋和印度洋的战略合作经济带，以亚欧非经济贸易一体化为发展的长期目标。

一、精准把握"一带一路"倡议的时代意蕴

"经济带"概念是对地区经济合作模式的创新。其中经济走廊涵盖中蒙

俄经济走廊、新亚欧大陆桥、中国-中亚-西亚经济走廊、孟中印缅经济走廊、中国-中南半岛经济走廊等，以经济增长极辐射周边，超越了传统发展经济学理论。"丝绸之路经济带"概念不同于历史上所出现的各类"经济区"与"经济联盟"，同后两者相比，经济带具有灵活性高、适用性广以及可操作性强的特点，各国都是平等的参与者，本着自愿参与、协同推进的原则，发扬古丝绸之路兼容并包的精神。

"一带一路"倡议是我国在新时代推进全方位对外开放的重要举措，为当今世界提供了一个充满东方智慧、实现共同发展的中国方案，也是对历史文化传统的高度尊重，凝聚了世界各国利益的最大公约数。丝绸之路是起始于古代中国，连接亚洲、非洲和欧洲的古代陆上商业贸易路线，最初的作用是运输古代中国出产的丝绸、瓷器等商品，后来成为东方与西方之间在经济、政治、文化等方面进行交流的主要通道。1877 年，德国地质、地理学家李希霍芬（F. P. W. Richthofen）在其著作《中国》一书中，把公元前 114 年至公元 127 年，中国与中亚、中国与印度间以丝绸贸易为媒介的这条西域交通道路命名为"丝绸之路"，这一名词很快为学术界和大众所接受，并正式运用。其后，德国历史学家赫尔曼（A. Herrmann）在 20 世纪初出版的《中国与叙利亚之间的古代丝绸之路》一书中，根据新发现的文物考古资料，进一步把丝绸之路延伸到地中海西岸和小亚细亚，并确定了丝绸之路的基本内涵，即它是中国古代与中亚、南亚、西亚以及欧洲、北非的陆上贸易交往通道。进入 21 世纪，海上丝绸之路也被纳入丝绸之路的涵盖范围，即从中国沿海港口过南海到印度洋并延伸至欧洲，从中国沿海港口过南海到南太平洋。随着时代的发展，"丝绸之路"成为古代中国与西方所有政治经济文化往来通道的统称。

推进"一带一路"建设既是中国扩大和深化对外开放的需要，也是加强和世界各国互利合作的需要，中国愿意承担更多责任和义务，为人类和平发展做出更大的贡献。文明交流互鉴是构建人类命运共同体的重要途径，是推动人类文明共同进步、实现世界和平发展的重要动力。共建"一带一路"要顺应世界多极化、经济全球化、文化多样化、社会信息化的潮流，秉持开放的区域合作精神，致力于推动"一带一路"各国实现经济政策协调，开展更大范围、更高水平、更深层次的区域合作，共同打造开放、包容、均衡、普惠的区域经济合作架构，维护全球自由贸易体系和开放型世界经济格局。

"一带一路"贯穿亚欧非大陆，一头是活跃的东亚经济圈，一头是发达的欧洲经济圈，中间广大腹地国家经济发展潜力巨大。根据"一带一路"走向，陆上依托国际大通道，以中心城市为支撑，以重点经贸产业园区为合作平台，共同打造新亚欧大陆桥以及中蒙俄、中国-中亚-西亚、中国-中南半岛等国际经济合作走廊；海上以重点港口为基点，共同建设通畅安全高效的运输大通道。

"一带一路"建设是有关国家开放合作的宏大经济愿景，需要各国携手努力，朝着互利互惠、共同安全的目标相向而行：努力实现区域基础设施更加完善，安全高效的陆海空通道网络基本形成，互联互通达到新水平；投资贸易便利化水平进一步提升，高标准自由贸易区网络基本形成，经济联系更加紧密，政治互信更加深入；人文交流更加广泛深入，不同文明互鉴共荣，各国人民相知相交、和平友好。

"一带一路"倡议是具有开放性和包容性的友好建议。当今世界是一个开放的世界，开放带来进步，封闭导致落后。中国认为，只有开放才能发现机遇、抓住并用好机遇、主动创造机遇，才能实现国家的奋斗目标。"一带一路"倡议就是要把世界的机遇转变为中国的机遇，把中国的机遇转变为世界的机遇。正是基于这种认知与愿景，"一带一路"倡议以开放为导向，冀望通过加强交通、能源和网络等基础设施的互联互通建设，促进经济要素有序自由流动、资源高效配置和市场深度融合，开展更大范围、更高水平、更深层次的区域合作，打造开放、包容、均衡、普惠的区域经济合作架构，以此来解决经济增长和平衡问题。"一带一路"倡议的开放包容性是区别于其他区域性经济倡议的一个突出特点。

"一带一路"倡议是超越地缘政治的务实合作的广阔平台。"和平合作、开放包容、互学互鉴、互利共赢"的丝路精神是人类共有的历史财富，"一带一路"倡议就是秉承这一精神与原则提出的新时代重要倡议，通过加强相关国家间的全方位多层面交流合作，充分发掘与发挥各国的发展潜力与比较优势，形成互利共赢的区域利益共同体、命运共同体和责任共同体。在这一机制中，各国是平等的参与者、贡献者、受益者。因此，"一带一路"倡议从一开始就具有平等性、和平性特征。平等是中国坚持的重要国际准则，也是"一带一路"建设的关键基础。只有建立在平等基础上的合作才能是持久的合作，也才会是互利的合作。"一带一路"倡议平等包容的合作特征为其推进减轻了阻力，提升了共建效率，有助于国际合作真正"落地生根"。同时，"一带一路"建设离不开和平安宁的国际环境和地区环境，和平是"一带一路"建设的本质属性，也是保障其顺利推进所不可或缺的重要因素。这些就决定了"一带一路"倡议不应该也不可能沦为大国政治较量的工具，更不会重复地缘博弈的老路。

"一带一路"倡议是政府、企业、团体共同发力的项目载体。"一带一路"建设是在双边或多边联动基础上通过具体项目加以推进的，是在进行充分政策沟通、战略对接以及市场运作后形成的发展倡议与规划。2017 年 5 月发布的《"一带一路"国际合作高峰论坛圆桌峰会联合公报》强调了建设"一带一路"的合作原则，其中就包括市场运作原则，即充分认识市场作用和企业主体地位，确保政府发挥适当作用，政府采购程序应开放、透明、非歧视。可见，"一带一路"建设的核心主体与支撑力量并不是政府，而是企业，根本方法是遵循市场规律，并通过市场化运作模式来实现参与各方的利益诉求，政府在其中发挥构建平台、创立机制、政策引导等指向性、服务性功能。

"一带一路"倡议是与现有相关机制对接互补的有益渠道。参与"一带一路"建设的国家要素禀赋各异，比较优势差异明显，互补性很强。有的国家能源资源富集但开发力度不够，有的国家劳动力充裕但就业岗位不足，有的国家市场空间广阔但产业基础薄弱，有的国家基础设施建设需求旺盛但资金紧缺。我国目前经济总量居全球第二，外汇储备居全球第一，优势产业越来越多，基础设施建设经验丰富，装备制造能力强、质量好、性价比高，具备资金、技术、人才、管理等综合优势。这就为我国与其他"一带一路"建设参与方实现产业对接与优势互补提供了现实可能与重大机遇。因而，"一带一路"倡议的核心内容就是要加强基础设施建设和促进互联互通，对接各国政策和发展战略，以便深化务实合作，促进协调联动发展，实现共同繁荣。由此可见，"一带一路"倡议不是对现有地区合作机制的替代，而是与现有机制互为助力、相互补充。实际上，"一带一路"建设已经与俄罗斯主导的欧亚经济联盟、印尼全球海洋支点发展规划、哈萨克斯坦光明之路经济发展战略、蒙古国草原之路倡议、欧盟欧洲投资计划、埃及苏伊士运河走廊开发计划等实现了对接与合作，并形成了一批标志性项目，如中哈（连云港）物流合作基地。作为新亚欧大陆桥经济走廊建设成果之一，中哈（连云港）物流合作基地初步实现了深水大港、远洋干线、中欧班列、物流场站的无缝对接。该项目与哈萨克斯坦光明之路经济发展战略高度契合。

　　"一带一路"倡议是促进人文交流的沟通桥梁。"一带一路"倡议跨越不同区域、不同文化、不同宗教信仰，但它带来的不是文明冲突，而是各文明间的交流互鉴。"一带一路"倡议在推进基础设施建设、加强产能合作与发展战略对接的同时，也将"民心相通"作为工作重心之一。民心相通是"一带一路"建设的社会根基。民心相通就是要传承和弘扬丝绸之路友好合作精神，广泛进行文化交流、学术交流、人才交流往来、媒体合作、青年和妇女交往、志愿者服务等，为深化双边和多边合作奠定坚实的民意基础。一是扩大相互间留学生规模，开展合作办学；国家间互办文化年、艺术节、电影节、电视周和图书展等活动，深化国家间人才交流合作。二是加强旅游合作，扩大旅游规模，联合打造具有丝绸之路特色的国际精品旅游线路和旅游产品。三是强化与周边国家在传染病疫情信息沟通、防治技术交流、专业人才培养等方面的合作，提高合作处理突发公共卫生事件的能力。四是加强科技合作，共建联合实验室（研究中心）、国际技术转移中心、海上合作中心，促进科技人员交流，合作开展重大科技攻关，共同提升科技创新能力。五是整合现有资源，开拓和推进参与国家在青年就业、创业培训、职业技能开发、社会保障管理服务、公共行政管理等共同关心领域的务实合作。六是充分发挥政党、议会交往的桥梁作用，加强国家之间立法机构、主要党派和政治组织的友好往来，互结友好城市。七是加强各国民间组织的交流合作，重点面向基层民众，广泛开展教育、医疗、减贫开发、生物多样性和生态环保等主题的各类公益慈善活动，改善贫困地区生产生活条件；加强文化传媒领域的国际交流合作，积极利用网络平台，运用新媒体工具，塑造和谐友好的文化生态和舆论环境；通过强化民心相通，弘扬丝绸之路精神，开展智力丝绸之路、健康丝绸之路等建设，在科学、教育、文化、卫生、民间交往等领域广泛合作，使"一带一路"建设的民意基础更为坚实，社会根基更加牢固。"一带一路"建设就是要以文明交流超越文明隔阂，以文明互鉴超越文明冲突，以文明共存超越文明优越，为相关国家人民加强交流、增进理解搭起新的桥梁，为不同文化和文明加强对话、交流互鉴织就新的纽带，推动各国相互理解、相互尊重、相互信任。

"一带一路"是促进共同发展、实现共同繁荣的友谊之路。共建"一带一路"旨在促进各国发展战略的对接和耦合，有利于发掘区域市场的潜力，推动经济要素有序自由流动、资源高效配置和市场深度融合，促进投资和消费，创造需求和就业，增进各国人民的人文交流与文明互鉴，从而让各国人民相逢相知、互信互敬，共享和谐、安宁、富裕的生活。共建"一带一路"符合国际社会的根本利益，彰显了人类社会的共同理想和美好追求，是国际合作及全球治理新模式的积极探索，将为世界和平发展增添新的正能量。中国政府倡议秉持和平合作、开放包容、互学互鉴、互利共赢的理念，全方位推进务实合作，打造政治互信、经济融合、文化包容的利益共同体、命运共同体和责任共同体。

"一带一路"倡议已经得到世界上众多国家和地区的积极响应，成为维护全球自由贸易体系和开放型世界经济的重要支撑。截至 2021 年 1 月 30 日，中国已经同 171 个国家和国际组织签署 205 份共建"一带一路"合作文件。[1] 特别是 2017 年 5 月第一届"一带一路"国际合作高峰论坛、2019 年 4 月第二届"一带一路"国际合作高峰论坛和 2019 年 5 月亚洲文明对话大会的成功举办，充分彰显了我国开放、包容的大国外交风范。在此背景下，我们一方面应致力于向世界介绍中国，推动中国文化"走出去"，讲好中国故事；另一方面也应加强对"一带一路"国家的历史、文化、语言、教育、艺术等方面的介绍和研究，让中国人民更多地了解"一带一路"国家的具体国情，特别是文化传统和教育体系。

"一带一路"倡议合作范围不断扩大，合作领域愈加广阔。它不仅给参与各方带来了实实在在的合作红利，也为世界贡献了应对挑战、创造机遇、强化信心的智慧与力量。

当今世界，新冠肺炎疫情带来诸多挑战，局部战争风险依然存在，经济增长动能不足，"逆全球化"思潮涌动，地区动荡持续，恐怖主义蔓延。和平赤字、发展赤字、治理赤字带来的严峻问题，已摆在全人类面前。这充分说明现有的全球治理体系面临结构性问题，亟须找到新的破解之策与应对方略。作为一个新兴大国，中国有能力、有意愿同时也有责任为完善全球治理体系贡献智慧与力量。面对新挑战、新问题、新情况，中国给出

---

[1] 中国一带一路网. 我国已签署共建"一带一路"合作文件 205 份 [EB/OL]. （2021-01-30）[2021-02-23]. https://www.yidaiyilu.gov.cn/xwzx/gnxw/163241.htm.

的全球治理方案是：构建人类命运共同体，实现共赢共享。"一带一路"倡议正是朝着这个目标努力的具体实践。"一带一路"倡议强调各国的平等参与、包容普惠，主张携手应对世界经济面临的挑战，开创发展新机遇，谋求发展新动力，拓展发展新空间，共同朝着人类命运共同体方向迈进。正是本着这样的原则与理念，"一带一路"倡议针对各国发展的现实问题和治理体系的短板，创立了亚洲基础设施投资银行、丝路基金等新型国际机制，构建了多形式、多渠道的交流合作平台。这既能缓解当今全球治理机制代表性、有效性、及时性难以适应现实需求的困境，在一定程度上扭转公共产品供应不足的局面，提振国际社会参与全球治理的士气与信心，又能满足发展中国家尤其是新兴市场国家变革全球治理机制的现实要求，大大增强了新兴国家和发展中国家的话语权，是推进全球治理体系朝着更加公正合理方向发展的重大突破。

"一带一路"倡议涵盖了发展中国家与发达国家，实现了"南南合作"与"南北合作"的统一，有助于推动全球均衡可持续发展。"一带一路"建设以基础设施建设为着眼点，促进经济要素有序自由流动，推动中国与相关国家的宏观政策的对接与协调。对于参与"一带一路"建设的发展中国家来说，这是一次搭中国经济发展"快车""便车"，实现自身工业化、现代化的历史性机遇，有利于推动"南南合作"的广泛展开，同时也有助于增进"南北对话"，促进"南北合作"的深度发展。不仅如此，"一带一路"倡议的理念和方向同联合国《2030年可持续发展议程》也高度契合，完全能够加强对接，实现相互促进。联合国秘书长古特雷斯表示，"一带一路"倡议与《2030年可持续发展议程》都以可持续发展为目标，都试图提供机会、全球公共产品和双赢合作，都致力于深化国家和区域间的联系。

二、深入推动"一带一路"国家的教育交流

2020 年 6 月印发的《教育部等八部门关于加快和扩大新时代教育对外开放的意见》指出，教育对外开放是教育现代化的鲜明特征和重要推动力，要以习近平新时代中国特色社会主义思想为指导，坚持教育对外开放不动摇，主动加强同世界各国的互鉴、互容、互通，形成更全方位、更宽领域、更多层次、更加主动的教育对外开放局面。

教育为国家富强、民族繁荣、人民幸福之本，在共建"一带一路"中具有基础性和先导性作用。教育交流为各国民心相通架设桥梁，人才培养为各国政策沟通、设施联通、贸易畅通、资金融通提供支撑。各国间教育交流源远流长，教育合作前景广阔，大家携手发展教育，合力共建"一带一路"，是造福各国人民的伟大事业。推进"一带一路"国家教育共同繁荣，既是加强与各国教育互利合作的需要，也是推进中国教育改革发展的需要，中国愿意在力所能及的范围内承担更多责任和义务，为区域教育大发展做出更大的贡献。

（一）教育合作的原则

"一带一路"国家教育合作应遵循四个重要原则。

一是育人为本，人文先行。加强合作育人，提高区域人口素质，为共建"一带一路"提供人才支撑。坚持人文交流先行，建立区域人文交流机制，搭建民心相通桥梁。

二是政府引导，民间主体。政府加强沟通协调，整合多种资源，引导教育融合发展。发挥学校、企业及其他社会力量的主体作用，活跃教育合作局面，丰富教育交流内涵。

三是共商共建，开放合作。坚持共商、共建、共享，推进各国教育发

展规划相互衔接，实现各国教育融通发展、互动发展。

四是和谐包容，互利共赢。加强不同文明之间的对话，寻求教育发展最佳契合点和教育合作最大公约数，促进各国在教育领域互利互惠。

（二）教育合作的重点

"一带一路"各国教育特色鲜明、资源丰富、互补性强、合作空间巨大。中国将以基础性、支撑性、引领性三方面举措为建议框架，开展三方面重点合作，对接各国意愿，互鉴先进教育经验，共享优质教育资源，全面推动各国教育提速发展。

1．开展教育互联互通合作

一是加强教育政策沟通。开展"一带一路"国家教育法律、政策协同研究，构建各国教育政策信息交流通报机制，为各国政府推进教育政策互通提供决策建议，为各国学校和社会力量开展教育合作交流提供政策咨询。积极签署双边、多边和次区域教育合作框架协议，制定各国教育合作交流国际公约，逐步疏通教育合作交流政策性瓶颈，实现学分互认、学位互授联授，协力推进教育共同体建设。

二是助力教育合作渠道畅通。推进"一带一路"国家间签证便利化，扩大教育领域合作交流，形成往来频繁、合作众多、交流活跃、关系密切的携手发展局面。鼓励有合作基础、相同研究课题和发展目标的学校缔结姊妹关系，逐步深化和拓展教育合作交流。举办校长论坛，推进学校间开展多层次、多领域的务实合作。支持高等学校依托优势学科和专业，建立"产学研用"相结合的国际合作联合实验室（研究中心）、国际技术转移中心，共同应对各国在经济发展、资源利用、生态保护等方面面临的重大挑战与机遇。打造"一带一路"国家学术交流平台，吸引各国专家学者、青年学生开展研究和学术交流。推进"一带一路"国家优质教育资源共享。

三是促进语言互通。研究构建语言互通协调机制，共同开发语言互通开放课程，逐步将国家语言课程纳入各国的学校教育课程体系。拓展政府间语言学习交换项目，联合培养、相互培养高层次语言人才。发挥外国语院校人才培养优势，推进基础教育多语种师资队伍建设和外语教育教学工作。扩大语言学习国家公派留学人员规模，倡导各国与中国院校合作在华开办本国语言专业。支持更多社会力量助力孔子学院和孔子课堂建设，加强汉语教师和汉语教学志愿者队伍建设，全力满足不同国家的汉语学习需求。

四是推进民心相通。鼓励学者开展或合作开展中国课题研究，增进各国对中国发展模式、国家政策、教育文化等各方面的理解。建设国别和区域研究基地，与对象国合作开展经济、政治、教育、文化等领域研究。逐步将理解教育课程、丝路文化遗产保护纳入各国中小学教育课程体系，加强青少年对不同国家文化的理解。加强"丝绸之路"青少年交流，注重通过志愿服务、文化体验、体育竞赛、创新创业活动和新媒体社交等途径，增进不同国家青少年对其他国家文化的理解。

五是推动学历学位认证标准联通。推动落实联合国教科文组织《亚太地区承认高等教育资历公约》，支持联合国教科文组织建立世界范围学历互认机制，实现区域内双边、多边学历学位关联互认。呼吁各国完善教育质量保障体系和认证机制，加快推进本国教育资历框架开发，助力各国学习者在不同种类和不同阶段教育之间进行转换，促进终身学习社会的建设。共商、共建区域性职业教育资历框架，逐步实现就业市场的从业标准一体化。探索建立各国教师专业发展标准，促进教师流动。

2．开展人才培养培训合作

一是实施"丝绸之路"留学推进计划。设立"丝绸之路"中国政府奖学金，为各国专项培养行业领军人才和优秀技能人才。全面提升来华留学人才培养质量，把中国打造成为深受各国学子欢迎的留学目的地。以国家公派留学为引领，推动更多中国学生到"一带一路"其他国家留学。坚持"出国留学和来华留学并重、公费留学和自费留学并重、扩大规模和提高质量并重、依法管理和完善服务并重、人才培养和发挥作用并重"，完善全链条的留学人员管理服务体系，保障平安留学、健康留学、成功留学。

二是实施"丝绸之路"合作办学推进计划。有条件的中国高等学校开展境外办学要集中优势学科，选好合作契合点，做好前期论证工作，构建科学的人才培养模式、运行管理模式、服务当地模式、公共关系模式，使学校顺利落地生根、开花结果。发挥政府引领、行业主导作用，促进高等学校、职业院校与行业企业深度产教融合。鼓励中国优质职业教育配合高铁、电信运营等行业企业"走出去"，探索开展多种形式的境外合作办学，合作设立职业院校、培训中心，合作开发教学资源和项目，开展多层次职业教育和培训，培养当地急需的各类"一带一路"建设者。整合资源，积极推进与各国在青年就业培训等共同关心领域的务实合作。倡议国家之间开展高水平合作办学。

三是实施"丝绸之路"师资培训推进计划。开展"丝绸之路"教师培训，加强先进教育经验交流，提升区域教育质量。加强"丝绸之路"教师交流，推动各国校长交流访问、教师及管理人员交流研修，推进优质教育模式在各国的互学互鉴。大力推进各国优质教学仪器设备、教材课件和整体教学解决方案的输出，跟进教师培训工作，促进各国教育资源和教学水平均衡发展。

四是实施"丝绸之路"人才联合培养推进计划。推进国家间的研修访学活动。鼓励各国高等院校在语言、交通运输、建筑、医学、能源、环境工程、水利工程、生物科学、海洋科学、生态保护、文化遗产保护等国家发展急需的专业领域联合培养学生，推动联盟内或校际教育资源共享。

3．共建丝路合作机制

一是加强"丝绸之路"人文交流高层磋商。开展国家间的双边、多边人文交流高层磋商，商定"一带一路"教育合作交流总体布局，协调推动各国建立教育双边和多边合作机制、教育质量保障协作机制和跨境教育市场监管协作机制，统筹推进"一带一路"教育共同行动。

二是充分发挥国际合作平台作用。发挥上海合作组织、东亚峰会、亚太经合组织、亚欧会议、亚洲相互协作与信任措施会议、中阿合作论坛、东南亚教育部长组织、中非合作论坛、中巴经济走廊、孟中印缅经济走廊、中蒙俄经济走廊等现有双边、多边合作机制的作用，增加教育合作的新内涵。借助联合国教科文组织等国际组织力量，推动各国围绕实现世界教育发展目标形成协作机制。充分利用中国-东盟教育交流周、中日韩大学交流合作促进委员会、中阿大学校长论坛、中非高校20+20合作计划、中日大学校长论坛、中韩大学校长论坛、中俄综合性大学联盟等已有平台，开展务实的教育合作交流。支持在共同区域、有合作基础、具备相同专业背景的学校组建联盟，不断延展教育务实合作平台。

三是实施"丝绸之路"教育援助计划。发挥教育援助在"一带一路"教育共同行动中的重要作用，逐步加大教育援助力度，重点投资于人、援助于人、惠及于人。发挥教育援助在"南南合作"中的重要作用，加大对相关国家尤其是最不发达国家的支持力度。统筹利用国家、教育系统和民间资源，为相关国家培养培训教师、学者和各类技能人才。积极开展优质教学仪器设备、整体教学方案、配套师资培训一体化援助。加强中国教育培训中心和教育援外基地建设。倡议各国建立政府引导、社会参与的多元化经费筹措机制，通过国家资助、社会融资、民间捐赠等渠道，拓宽教育经费来源，做大教育援助格局，实现教育共同发展。

三、精心组织"一带一路"国家文化教育大系的编著出版

在编写"一带一路"国家文化教育大系过程中，应当全面了解国内外对"一带一路"倡议的响应情况，关注进展，总结做法；应当在新冠肺炎疫情得到控制后到对象国去走一走，看一看，实地感受其教育情况和发展变化；应当广泛收集对象国一手资料，认真阅读，消化分析，吐故纳新；应当多方检索专家学者已经开展的相关研究，虚心参阅已有的研究成果。肆虐全球的新冠肺炎疫情，给人类身体健康和生命安全带来了巨大威胁，对世界格局和世界治理体系产生了重大影响，给全球各行各业带来了巨大挑战。教育置身其间，影响十分明显。因而，对"一带一路"国家文化教育进行研究时，必须观察分析疫情对相关国家文化教育和全球教育治理的深刻影响。

"一带一路"倡议提出后，中外已形成多个"一带一路"多边大学联盟。2015年5月22日，由西安交通大学发起的新丝绸之路大学联盟成立，迄今已吸引38个国家和地区的150余所大学加盟。该联盟是海内外大学结成的非政府、非营利性的开放性、国际化高等教育合作平台，以"共建教育合作平台，推进区域开放发展"为主题，推动"新丝绸之路经济带"国家和地区大学之间在校际交流、人才培养、科研合作、文化沟通、政策研究、医疗服务等方面的交流与合作，增进青少年之间的了解和友谊，培养具有国际视野的高素质、复合型人才，服务"新丝绸之路经济带"及欧亚地区的发展建设。

2015年10月17日，丝绸之路（敦煌）国际文化博览会筹委会文化传承创新高端学术研讨会在敦煌举行。中国的复旦大学、北京师范大学、兰州大

学和俄罗斯乌拉尔国立经济大学、韩国釜庆大学等 46 所中外高校在甘肃敦煌成立了"一带一路"高校战略联盟,以探索跨国培养与跨境流动的人才培养新机制,培养具有国际视野的高素质人才。46 所高校当日达成《敦煌共识》,联合建设"一带一路"高校国际联盟智库。联盟将共同打造"一带一路"高等教育共同体,推动"一带一路"国家和地区大学之间在教育、科技、文化等领域的全面交流与合作,服务"一带一路"国家和地区的经济社会发展。

2016 年 9 月,中国、中亚及丝绸之路经济带沿线 7 个国家的 51 所高校共同发起成立了中国–中亚国家大学联盟,旨在打造开放性、国际化互动平台,深化"一带一路"科教合作。

此外,高等教育合作研讨会也日渐增多,既有官方推动形成的研讨会,也有民间自发举办的研讨会。比如,中外大学校长论坛、新加坡–中国–印度高等教育论坛、"一带一路"教育对话论坛,以及北京师范大学举办的"一带一路"国家教育交流与合作高端研讨会,北京外国语大学举办的"一带一路"与行业国际化人才培养高峰论坛,北京理工大学主办的"一带一路"高等教育研究国际会议,浙江大学举办的"一带一路"背景下的工程科技人才培养国际研讨会等。这些多边研讨会的召开,不仅吸引了大量"一带一路"沿线国家的教育研究者与实践者参会,推动了研究与实践合作,而且创新了教育合作模式,促进了国际化高端人才培养,为"一带一路"建设奠定了民意基础。

"一带一路"倡议提出之后,中国学术界迅速开展了关于"一带一路"的研究活动,有关"一带一路"主题的图书主要有以下五类。第一类是倡议解读类图书,一般是梳理"一带一路"倡议的提出、发展及其理论内涵与外延。第二类是经济贸易类图书,专业性较强,主要为理论研究型图书。第三类是国情文史类图书,多为介绍"一带一路"国家国情概览、历史情况、发展概况的工具书,语言平实,部分图书学术性较强。第四类是丝路历史类图书,一般回顾古代丝绸之路的形成与发展、丝绸之路上的人物和大事记等，追古溯源，以便更好地开启"一带一路"新篇章。第五类是法律税收类图书，多为法律指引、税务规范手册等。

可以看出，国内对"一带一路"国家的研究已有一定基础，但是囿于语言翻译的障碍，已经出版的"一带一路"图书，大多是政策解读、数据报告、概况介绍等，对对象国的研究广度和深度还很不够，尤其是针对"一带一路"国家文化教育的系统研究还比较少。

在"一带一路"国家中，遴选具有代表性的对象，对其文化、教育进行系统性的研究，并在此基础上编写"一带一路"国家文化教育大系，分期分批出版，对于帮助中国普通读者和研究人员了解"一带一路"国家的文化教育情况，以及对于拓展我国比较教育研究领域、丰富比较教育研究文献，乃至对于促进中外文明互通、更好地参与推进"一带一路"建设，都具有重要意义。基于对选题背景与意义、相关出版产品调研和北京外国语大学比较优势的分析，"一带一路"国家文化教育大系坚持学术性、可读性兼顾原则，分批次推出，不断积累，以形成规模和品牌。

大系在内容上，一方面呈现"一带一路"国家的文化概貌，展示"一带一路"国家教育发展的文化背景和社会依托。大系采用专题形式，力求用简洁平实的语言生动活泼地介绍"一带一路"国家的自然地理、人文景观、历史发展、风土人情、文化遗产等内容，重点呈现对象国独有的文化现象和独特风貌，集中揭示其民族文化内涵、民族精神、人文意蕴。另一方面，大系重点研究、评价、介绍"一带一路"国家教育的基本情况、发展历史、发展战略、政策法规、现存体系、治理模式与师资队伍等，这方面内容占较大篇幅，是全书的重点和主要内容。

"一带一路"倡议正在成为我国参与全球开放合作、改善全球治理体系、促进全球共同发展繁荣、推动构建人类命运共同体的中国方案。作为国家社会科学基金（教育学）重大项目"新时代提升中国参与全球教育治理的能力及策略研究"的部分研究成果和北京外国语大学"双一流"建设重大标志性成果，"一带一路"国家文化教育大系计划在 2021 年中国共产党建党 100 周年和北京外国语大学建校 80 周年之际，推出首批图书。2023 年"一带一路"倡议提出 10 周年时，推出该项目二期成果。同时积极参与党和国家相关主题纪念活动，以及国家重大图书项目的申报评选工作。

北京外国语大学以外语见长，国际交往活跃，被誉为"共和国外交官的摇篮"，先后培养了 400 多位大使、2 000 多位参赞，以及更多的外交外事外贸工作者。凡是有五星红旗飘扬的地方，都能看到北外人的身影。北外不仅承担着培养各类国际化人才的任务，更担负着向中国介绍世界、向世界介绍中国的历史使命。迄今为止，北外已获批开设 101 种外国语言，成立了 37 个区域与国别研究中心，丰富的涉外资源正在助力"一带一路"国家的研究。

大系由外研社具体组织实施。外研社隶属北外，多年来致力于"一带一路"国家的合作交流，服务讲好"中国故事"，在中华思想文化传播、打造中外出版联盟、推动中外学术互译等方面积累了丰富经验，对于协助研究、编著、出版"一带一路"国家文化教育大系具有良好的工作基础。这也是北外及外研社的使命和担当之所在。

大系编著者以北外教师为主。服务国家重大战略，北外人责无旁贷。同时，国内有研究专长和研究意愿的专家学者也踊跃参与，他们或独自撰著一书，或与北外同仁合作。大系还邀请了驻外使领馆的同志和对象国的学者参加撰写或审稿，他们运用一手资料，开展实地调研，力图提升大系的准确性。

四、结语

"一带一路"倡议植根历史，更面向未来；源于中国，更属于世界。"一带一路"作为文明互鉴的桥梁，从亚欧大陆延伸到非洲、美洲、大洋洲，与世界各国发展战略及众多国际和地区组织的发展实现对接联通，在通路、通航的基础上更好地通商，进而开展文化教育交流与沟通，加强商品、资金、技术、文化、教育流通，达成互学互鉴的文明愿景。"一带一路"倡议的目标是中国与"一带一路"国家在互联互通基础上分享优质产能，共商项目投资，共建基础设施，共享合作成果，内容包括政策沟通、设施联通、贸易畅通、资金融通、民心相通"五通"。"一带一路"倡议肩负重大使命，它要探寻经济增长之道，将中国自身的产能优势、技术与资金优势、经验与模式优势转化为市场与合作优势，实行全方位开放，共享中国改革发展红利；它要实现全球化再平衡，鼓励向西开放，带动西部开发以及中亚、蒙古等内陆国家和地区的开发，在国际社会推行全球化的包容性发展理念，主动向西推广中国优质产能和比较优势产业，惠及沿途、沿岸国家，避免西方国家所开创的全球化造成的贫富差距和地区发展不平衡情况，推动建立持久和平、普遍安全、共同繁荣的和谐世界；它要开创地区新型合作，强调共商、共建、共享原则，超越了马歇尔计划和传统的对外援助活动，给 21 世纪的国际合作带来了新的理念。所以，新时代中国的教育学者应当将"一带一路"国家文化教育研究作为比较教育新的增长点，全面深入开展研究，以自己的聪明才智丰富学术，为国出力，服务国家重大发展战略；在加强与"一带一路"国家的交流合作中，推动"一带一路"建设高质量发展，努力建设高质量的中国教育体系，并积极参与全球教育治理体系改革，加快构建以国内大循环为主体、国际国内双循环相互促进的新发展格局。

2021 年春
于北京外国语大学

（王定华，北京外国语大学党委书记、博士、教授、博士生导师，国家督学。历任河南大学教师、中国驻纽约总领事馆教育领事、教育部基础教育一司司长、教育部教师工作司司长等。）

本书前言

非洲西海岸海风轻柔，奥果韦河流水汤汤，这里森林密布、矿产丰富，坐落着素有"绿金之国"美誉的加蓬。正如绿、黄、蓝的三色条纹国旗展现的绚丽颜色，繁茂的森林、灿烂的阳光和蔚蓝的海水为居住于此的人们带来了得天独厚的自然资源。然而，这片古老的大地命运多舛。15世纪，葡萄牙人来到此地，因该国的科莫河入海时形成的河湾形状酷似水手衣，所以葡萄牙人将这块土地命名为"加蓬"（Gabāo，葡萄牙语意为水手衣）。1849年，法国人在加蓬海岸附近截获一艘偷贩黑奴的巴西船，法国人把船上的奴隶安置在非洲西海岸的一个小镇上，并为它起名——"自由之城"，这便是今日加蓬的首都利伯维尔（Libreville）。这座不自由的"自由之城"，如同一则反讽的寓言，书写的是鲜血淋漓的殖民历史。直至20世纪60年代，伴随着非洲独立运动，加蓬终于挣脱枷锁，走向自由。

然而，真正的独立并非一蹴而就之事，恢复国家经济、重塑民族文化、探寻民族身份需要几代人的努力。教育是我们管窥这一历程的重要切入点，加蓬人至今依然在努力，在全盘接受法国教育模式和与其彻底决裂之间摸索着属于自己的发展道路。

1974年4月20日，加蓬共和国与中华人民共和国建立外交关系。建交以来，两国关系发展顺利，经贸合作日益密切，双方在贸易、投资、工程等领域的合作不断深入。国之交在于民相亲，民相亲在于心相通，教育正是民心相通的重要途径。本书力图勾勒出关于加蓬教育的立体图景，为深化中加两国文化教育交流与合作贡献一份力量。

本书在编写过程中遇到的最大的阻碍是难以获得最新数据。加蓬教育数据统计更新不够及时，官方的许多教育统计报告已是十年前的数据。因此，笔者从联合国教科文组织、联合国儿童基金会、世界银行等国际组织的报告中，从众多关于加蓬教育的专著和学位论文中，从法国和加蓬的新闻网站中寻求信息，借助相关的学术研究和即时的社会新闻，竭力勾勒出加蓬教育概貌。顾晓燕负责本书前言、第三章至第十二章、结语撰写工作及全书通稿工作，游滔负责本书第一章和第二章撰写工作。我们衷心感谢北京外国语大学党委书记、中国教育学会国际教育分会理事长、"一带一路"国家文化教育大系总主编王定华教授给予的悉心指导，衷心感谢北京外国语大学非洲学院院长李洪峰教授提供的大力支持，衷心感谢外研社刘捷编审、孙凤兰编审、巢小倩副编审、杜晓沫副编审、姚希瑞编辑提出的宝贵意见。衷心感谢所有帮助过我们的专家和学者。

由于资料的不足以及作者的学识和能力有限，本书可能有疏漏和不当之处，敬请各位专家和广大读者指正，不胜感激。

顾晓燕　游　滔

2022 年 10 月于南京

目　录

第一章 国情概览

加蓬共和国，简称加蓬，是非洲中部美丽的发展中国家，国土面积为 267 667 平方千米，其中，陆地面积 257 667 平方千米，海洋面积 10 000 平方千米，海岸线长约 800 千米。[1] 2020 年全国人口约为 223 万，[2] 首都为利伯维尔。

第一节 自然地理

一、地理位置

加蓬地处非洲中部，横跨赤道，位于东经 9°—15°，北纬 2° 30′—南纬 3° 55′之间。东西跨度 600 千米，南北平均距离为 550 千米。加蓬西面濒临大西洋，北面与喀麦隆交界，西北和赤道几内亚接壤，东面和南面与刚果（布）为邻。[3]

---

[1] 安春英. 加蓬 [M]. 北京：社会科学文献出版社，2005：15.

[2] 资料来源于世界银行官网。

[3] 安春英. 加蓬 [M]. 北京：社会科学文献出版社，2005：22.

二、自然气候

加蓬位于赤道两侧，北部属热带雨林气候，全年气温变化不大，年平均气温约 26℃；每年 1 至 5 月中旬为大雨季，5 月中旬至 9 月为大旱季，10 至 12 月为小雨季，12 月至次年 1 月为小旱季。南部属热带草原气候，分干湿两季，5 至 10 月为旱季，11 月至次年 4 月为雨季。由于本吉拉洋流经过，西部沿海地区气温相对较低。受信风的影响，全国湿度由沿海向内陆递减，年平均湿度为 85%。加蓬的降水量与湿度变化一致，年均降水量约 1 359 毫米，沿海地带受海洋性气团的影响，降水较多，年均降水量在 3 000 毫米以上，内陆地区受地形雨作用明显，大部分地区降水量在 2 000 毫米以下。[1]

三、地形地貌

加蓬位于大西洋和刚果盆地西北部的山地之间，地势崎岖，其地形主要可分为平原、高原和山地三个自然区域。西部沿海平原南北纵长 800 千米，东西宽 30—150 千米（最宽处位于奥果韦河河口）。海岸地区的平原由新生代第四纪的冲积层构成，平原地区并不是一马平川，部分地区为低洼的沼泽地。平原北部为锯齿状海岸线，从紧邻赤道几内亚的加蓬北部国界到洛佩斯角的海岸线上分布着众多的海湾；从洛佩斯角往南至加蓬与刚果（布）接壤的边境海岸则是一片绵延的海滩。沿海平原广布富含腐殖质的冲积土，土壤肥沃，宜于农耕。内陆高原地区主要指加蓬的东部和北部，该高原由古生代岩石构成，由于受河流的切割，地表被分成若干山块。内陆

---

[1] 安春英. 加蓬 [M]. 北京：社会科学文献出版社，2005：31.

高原海拔在 300—800 米，高原的中央部分是奥果韦河内陆盆地。加蓬的山地海拔大多在 800 米以上，总体走向为南高北低，其成因多为中生代和新生代的地壳运动。加蓬的主要山地有西北部的克里斯塔尔山地、西南部的马永巴山地、东部的凯莱高地、东南部的比罗固山地等。中央山脉位于海岸地区和奥果韦河内陆盆地之间，纵贯加蓬南北。位于中南部的迪夏于山地，气势雄伟，东翼的伊布基尔山高达 1 580 米，是加蓬的最高峰。

四、河流水文

加蓬是个多河流国家，全国水域面积约 10 000 平方千米。奥果韦河全长 1 200 千米，流域面积约 22 万平方千米，是加蓬流域面积最大的河流。[1]奥果韦河自东向西流经加蓬全境，最后在让蒂尔港附近注入大西洋，其入海口附近形成三角洲。奥果韦河在加蓬境内呈弧形，支流众多。从总体上看，奥果韦河由于支流众多，又位于赤道多雨地带，因此水流量较大，而且水量变化小，水深流缓，有利于通航。每年 5、6、10、11 月，为水流量高峰期，适宜巨轮航行。同时，该河上游流经高原山地，水流湍急，水力资源丰富。除奥果韦河外，加蓬还有多条河川直接流入大西洋，如科莫河、昂波恩可米河、昂波恩多古河、尼扬加河等。

---

[1] 安春英. 加蓬 [M]. 北京：社会科学文献出版社，2005：43.

第二节 国家制度

一、国家标志

"加蓬"一词原为服装名称。15世纪下半叶,葡萄牙殖民者首次越过赤道,发现了加蓬海湾地区。在他们看来,这个海湾的形状与水手们穿的衣服相似,遂以水手服的名称"加蓬"指称这一地区。在当时,加蓬主要指科莫河河口两岸和利伯维尔,后逐渐指称现在的加蓬全境。

加蓬国旗自上而下由绿、黄、蓝3个平行长方形组成。国旗中的绿色象征森林,黄色象征赤道的阳光,蓝色象征海洋。这面三色旗象征加蓬是地处大西洋海滨、横跨赤道的森林之国。

1963年,瑞士纹徽专家路易斯·米勒曼设计了加蓬的国徽。加蓬国徽主要由一棵奥古曼树、一个盾牌、两只动物等图案组成。盾牌的图案由国旗的绿、黄、蓝三色构成。国徽正中是一棵根盛枝茂、高大笔直的奥古曼树(俗称加蓬榄)。奥古曼树是加蓬的标志,它象征加蓬丰富的森林资源。盾牌上部为一个绿长方形图案,长方形内有三个金黄色圆形图案,金黄色的圆象征加蓬丰富的矿藏资源。盾面中下部有一只悬挂着加蓬国旗的帆船,帆船在大西洋上乘风破浪地前进,象征民族进步的意志和海上活动对该国的重要性。盾牌两侧,各有一只黑豹,两豹前爪扶着盾徽,后爪立于蓝色饰带和黄色树根上。盾徽上方的白色饰带上用黑色拉丁文写着"万众一心,奋勇前进"。盾徽下方的蓝色饰带上用黄色法文写着"团结、勤劳、正义"。

1960年,《团结歌》被定为加蓬国歌,词曲作者是乔治·达玛斯。歌词大意为:"云开见丽日,奴役和耻辱一去不复回,驱散惨雾愁云,向光明大道前进,从今劝善惩恶,把战争消灭尽。亲密不可分,团结如一人,加蓬快猛醒，黎明已临近。鼓足精神，万众一心，我们终究赢得了幸运。"[1]加蓬国歌体现了加蓬人民的豪迈情怀和强劲动力。

加蓬的国花是火焰树花。火焰树又称苞萼木，紫葳科火焰树属落叶乔木。该树木原产于非洲热带，喜温暖、潮湿和阳光。火焰树绿阴如盖，其花朵为杯形，外面红色，里面黄色，花瓣呈卵圆形。美丽的火焰树花广泛盛开在加蓬的林阴道旁及公园之中。

二、行政区划

加蓬全国划分为9个省，下辖48个州、27个专区、150个区、737个镇和2 423个自然村。省是加蓬最高的地方行政区划。全国9个省分别为沃勒-恩特姆省（首府奥耶姆）、奥果韦-伊温多省（首府马科库）、河口省（首府利伯维尔）、中奥果韦省（首府兰巴雷内）、奥果韦-洛洛省（首府库拉穆图）、上奥果韦省（首府弗朗斯维尔）、恩古涅省（首府穆伊拉）、滨海奥果韦省（首府让蒂尔港）和尼扬加省（首府奇班加）。

利伯维尔是加蓬首都，全国的政治、文化中心，全国人口密度最大的城市，全国第二大经济中心，交通枢纽，河口省省会。城南离赤道只有46千米，面积4 780平方千米。利伯维尔属海滨城市，热带雨林气候下的利伯维尔炎热潮湿，全年温差不大，平均温度为26摄氏度，每年6—8月为旱季，9月至次年5月为雨季。利伯维尔是加蓬的第二大港口，共有3个码头，以输出木材及其制品为主。利伯维尔国际机场是加蓬的主要机场。34个国家在利伯维尔设有大使馆，另有十余国建有领事馆或设名誉领事馆。利伯维尔还设有联合国相关组织、欧盟相关组织、非洲地区性组织的机构。近

---

[1] 安春英. 加蓬[M]. 北京：社会科学文献出版社，2005：43.

年来，利伯维尔正逐渐成为撒哈拉以南非洲的政治、经济和文化中心之一，先后举办或承办了中非经济与货币共同体首脑会议、第十六届非洲部长级环境会议等多场会议。

三、政治制度

加蓬现行《宪法》规定，加蓬行政、立法、司法三权分立。行政权力由以总统为首的内阁行使，立法权由国民议会和参议院共同行使，司法权由最高法院和各级法院独立行使。

加蓬实行总统制，总统是国家元首，是行政权的最高执行者，与总理共享行政权，在政治生活和国家机构中居主导地位，是国家权力的中心；总统有权任命总理及中央政府组成人员，在紧急状态下可行使非常权力。加蓬总统由公众直接选举产生，任期7年，可连选连任。独立以来，加蓬经历了三任国家元首。1960—1967年，加布里埃尔·莱昂·姆巴任共和国总统；1967—2009年，哈吉·奥马尔·邦戈·翁丁巴任共和国总统；哈吉·奥马尔·邦戈·翁丁巴逝世后，其子阿里·邦戈·翁丁巴以41.7%的得票率继任总统之位，并在2016年的总统选举中再次胜出，获得连任。

中央政府组成人员包括总理、副总理、国务部长、部长和部长级代表，他们共同负责实施国家政策，管理行政机关和国防安全力量。总理、副总理皆由总统任命，并对总统负责；副总理协助总理工作，必要时，第一副总理可代行总理职务；中央政府其他组成人员从议会内部和外部选出，由总统根据总理的提名任命。政府组成人员必须是享有充分公民权和政治权利且年满30岁的加蓬籍公民。总统负责召集并主持部长会议，部长会议可审议本国的一般政策性决议、与外国签订的协定、法律提案，宣布戒严及紧急状态令，总统应在部长会议上任命国家高级文职和军事职务人员。

国民议会和参议院共同行使立法权，国民议会的议员由直接普选产生，任期 5 年，议会议长任期也为 5 年。国民议会选举实行大选区制，根据加蓬 9 个省的行政区划，全国划分为 9 个选区，每个选区产生 9—18 名议员。加蓬法律规定，凡是年满 18 周岁并享有充分公民权和政治权利的加蓬公民，不论男女，均享有国民议会议员的选举权。国民议会的选举实行两轮绝对多数投票制，如果在第一轮选举中没有候选人获得超过 50% 的选票，则进行第二轮投票。国民议会议席空缺时不补选，而是在进行议员选举的同时选举产生候补议员。加蓬公民若无正当理由不参与选举投票，将被处以罚金。国民议会议员候选人必须是享有充分公民权和政治权利且年满 18 岁的加蓬公民，中央政府组成人员、最高法院成员、经济和社会委员会的成员、外国或国际组织的雇员不享有被选举权。

1997 年 3 月，加蓬取消原来实行的国民议会一院制，成立参议院。参议院议长任期 6 年，参议院议员由地方议会间接选举产生，任期为 6 年。参议院选举与国民议会选举的选区划分有所不同，全国划分为不同于行政区划的 9 个大选区，每个选区产生 4—8 名议员。参议院的选举实行两轮多数制。参议员的候选人必须是年满 40 岁的享有充分公民权和政治权利的加蓬公民，政府组成人员成员、经济社会委员会成员、宪法法院的成员、国家通讯社成员、国家公共部门的会计、高级别公务员、公共和半公共性质的公司董事会的主席、外国或国际组织的雇员、国防和安全部队的官员等不得当选参议员。

加蓬法院设宪法法院、最高法院、上诉法院、初审法院等。法院依法独立行使审判权。宪法法院是最高法律机构，裁定组织法、一般法及国家机构规章制度的合宪性，监督选举和全民公投并宣布结果。《宪法》规定，司法权独立，法官以加蓬人民的名义行使审判权。最高法院的院长、副院长及法官由总统任命，任期 5 年。加蓬最高司法会议为国家最高司法行政机关，决定法官的任命、派遣、升迁和惩戒，总统任主席，司法部部长任副主席。

四、政党

独立至今，加蓬经历了多党议会民主制、一党制、新一轮多党民主政治的发展与演变。在此过程中，加蓬民主党始终活跃于加蓬政治舞台，掌握着国家领导权。

加蓬《政党法》规定，政党是由赞成某一社会主张和政治纲领的公民们组织起来的、以非营利为目的的团体；在《宪法》规定范围内，各政党均可参加普选竞争并参与国家政治事务。所有享有公民权及政治权利的加蓬人，不分种族、性别和宗教信仰，都可自由加入自己选择的政党。[1]

截至 2022 年年初，加蓬共有 40 多个合法政党。加蓬民主党是执政党，其前身是 1946 年成立的加蓬民主同盟。加蓬民主党的宗旨是"对话、宽容、和平"，目标为"巩固民族独立，加强民族团结，发扬民主，促进经济发展，维护社会正义与和平"。该党把"民主协商进步主义"作为自己的指导思想和政治学说，在尊重国家主权和独立的前提下，对外开放和对话。加蓬民主党全国代表大会为党的最高机构。在总书记的主持下，加蓬民主党全国代表大会决定国家对内对外政策的总方针，下设中央委员会、政治局、书记处，及其地方机构。

此外，在议会中拥有席位的政党还有改革自由党、社会民主党、新共和国联盟、民主人士党、价值复兴联盟、加蓬社会民主人党、继承与现代联盟等。

---

[1] 钟清清. 世界政党大全 [M]. 贵州：贵州教育出版社，1994：1030.

第三节 社会生活

一、人口

2020 年，加蓬全国总人口 2 230 908 人，在全世界排名第 145 位，其中，城市人口占总人口的 90.1%。[1]

加蓬的人口规模总量虽在不断增加，但近年来，人口进入低速增长阶段。2001 年，加蓬人口出生率为 4%，婴儿死亡率 8.3%；到 2020 年，加蓬人口出生率降到 2.6%，婴儿死亡率下降为 3%，也就是说，实际存活的婴儿比以前增加 5.3%。[2] 2020 年，加蓬总生育率为 3.4%，人口增长率为 2.5%，在全世界排名第 25 位。[3] 从人口发展的趋势来看，加蓬人口仍将继续处于低速增长阶段。

从人口年龄结构看，2020 年，加蓬 14 岁及 14 岁以下人口占总人口的 36.45%，15—65 岁人口占 59.57%，65 岁及 65 岁以上人口仅占 3.98%。少儿抚养比为 62.9%，老年抚养比为 6%，这体现了加蓬人口结构年轻化的特点。总的来说，加蓬男女比例相对均衡，约为 1.08 : 1。[4]

从人口地理分布来看，加蓬人口的显著特点之一便是地域分布极不平衡。大部分人口集中在沿海平原和城市。加蓬人口城市化进程迅猛，城市人口集中程度不断提高，利伯维尔、让蒂尔港、弗朗斯维尔、兰巴雷内等城市人口尤为集中。

加蓬的石油收入使它成为撒哈拉以南非洲人均收入最高的国家之一，

---

[1] 资料来源于世界银行官网。

[2] The African Development Bank. Gender, poverty and environmental indicators on African countries 2002/2003[R]. 2003: 26.

[3] 资料来源于加蓬国民教育部官网。

[4] 资料来源于加蓬国民教育部官网。

但加蓬财富分配不均，失业率居高不下，贫困现象普遍存在。15—24岁年轻人的失业率高达35.7%，其中，男性失业率为30.5%，女性失业率41.9%（2010年）。[1]

二、民族

加蓬是多民族国家，实行民族平等政策，反对以部族为纽带的地方民族主义。全国境内共有40多个民族，主要有芳族（占全国人口40%）、巴普努族（占全国人口22%）等。加蓬全国有两大人种，俾格米人和班图人。俾格米人是加蓬最早的居民，俾格米男子身高1.4—1.5米，女子身高1.0—1.3米，腿短而粗壮，胸膛宽阔，鼻子扁平，薄嘴唇，大脑袋，双眼炯炯有神，全身呈古铜色，他们散居在奥果韦河上游热带雨林的深处。由于长期受班图人文化影响，俾格米人自己的语言已消失，俾格米人使用马卡、科塔、邦吉利等班图语的不同方言，保持万物有灵信仰，盛行巫术、占卜，实行一夫一妻制，主要从事狩猎和采集。皮肤黝黑、卷头发、厚嘴唇、宽鼻梁的班图人是加蓬的主要居民。约公元前1000年，班图人从北部和东部边境迁入加蓬，目前，班图人的40多个分支居住于加蓬全国各地。[2]

三、语言

加蓬的官方语言为法语。第二次世界大战以前，加蓬会法语的人口占比较小，仅商务活动从业人员或政务管理人员会讲法语。第二次世界大战

---

[1] 资料来源于世界银行官网。

[2] 安春英. 加蓬 [M]. 北京：社会科学文献出版社，2005：34.

以后，法国注重在非洲小学进行法语教育，同时也组织年轻人学习法语。20
世纪 70 年代以后，加蓬政府不仅在小学开设了法语课，而且在中、高等教
育机构也设置了法语语言专业，法语普及率有所提高。

加蓬土著语言为班图语。如今的班图语族又分为芳语、米耶内语、巴
普努语、巴科塔语、巴尼亚比语等多种方言，但均无文字。进入 20 世纪 70
年代以来，在加蓬政府的扶持下，国民教育部及公立大学均开展了对班图
语的研究工作，一些小学和中学也使用班图语授课。

四、宗教

加蓬政府实行宗教信仰自由政策，加蓬人民拥有宗教信仰自由的权利，
信徒可以建立宗教团体。《宪法》保护合法宗教团体的权利，宗教团体须在
尊重国家主权和公共秩序的原则下独立制定规章和执行事务。加蓬内务部
负责登记宗教团体等相关事务。

宗教多元化是加蓬社会的基本特征之一。在欧洲殖民者进入加蓬以前，
加蓬人多信奉传统宗教。随着殖民统治深入，基督教逐渐为加蓬居民所接
受。2020 年，加蓬约 50% 的居民信奉天主教，20% 信奉新教，10% 信奉伊
斯兰教，其余信奉传统宗教。[1] 在传统宗教方面，加蓬盛行拜物教，相信万
物有灵，崇拜物有天空、森林、飞禽走兽等。

---

[1] 资料来源于世界银行官网。

五、旅游

虽然落后的基础设施、较高的物价水平、尚未充分开发利用的旅游资源，使加蓬旅游业目前发展较慢，但加蓬旅游业发展潜力巨大。加蓬政府积极制定促进生态旅游和商务旅游的发展计划，以此作为创汇、创造就业机会以及促进全国社会经济发展的手段。为推进旅游业的发展，加蓬政府曾于1976年、1986年、1995年实施旅游促进措施，开发旅游资源。进入21世纪以来，加蓬又出台了相关措施来发展旅游业，如建设旅游服务设施、提高服务水平、简化入境手续、鼓励国内外私人资本投资旅游业等。

2015年，加蓬推出了电子签证服务，游客可以在线申请签证，申请处理时间为72小时。在新服务推出之前，冗长的签证申请程序被认为是阻碍游客的主要因素之一，加蓬期望新的服务能提高该国作为旅游目的地的吸引力。加蓬还将出台新的旅游法，新旅游法草案的修订工作已历时3年，通过响应"绿色加蓬"计划中提出的发展目标，回应旅游管理部门、行业经营企业等各方关切，制定旅馆标准等行业规范，为加蓬旅游业的发展创造良好的法律环境。

根据世界旅游业理事会的数据，2015年，旅游业对加蓬国内生产总值的（直接和间接）贡献为2.7%。[1] 2017年，加蓬成功举办非洲国家杯之后，其酒店容量扩大、交通基础设施升级、航空交通改善，预计将进一步推动旅游业的发展。据加蓬移民部门统计，2010—2015年，加蓬平均每年接待18万—20万名游客，其中，59%的游客出于商务目的到访加蓬，其次是休闲（22%）和会议（8%）目的。预计到2025年，旅游业在加蓬国内生产总值中所占比重将上升到5%，就业岗位将增加到25 000个。[2]

加蓬约有85%的领土被森林覆盖，有潜力成为重要的生态旅游目的地。

---

[1] 资料来源于世界旅游业理事会官网。
[2] 资料来源于牛津商业集团官网。

2007 年，为保护未受污染的栖息地，加蓬建立了 13 个国家公园，覆盖了该国 11% 的土地面积。2013 年，加蓬设立专门负责旅游管理的部门，旨在为私营旅游业提供助力。2014 年，加蓬政府建立了由 10 个海岸公园组成的海洋保护区网络，面积总计 47 000 平方千米，占加蓬领海和专属经济区面积的 23%。[1] 这些措施源于"蓝色加蓬"计划（重点发展旅游业的增值产业和可持续产业的计划），该计划的目标是促进海洋区域的可持续发展。为保护加蓬的沿海生态系统以及鲸、鲨鱼和海龟等物种，加蓬禁止在保护区内进行商业捕捞，这为基于高附加值服务的高端旅游业，如运动钓鱼、海滩旅游、野生动物观察的发展铺平了道路。

六、体育

足球是加蓬人喜爱的体育运动，每个城市都有足球场地。自 1968 年起，加蓬每年在利伯维尔或让蒂尔港举办加蓬杯足球赛，至 2019 年年底，加蓬共举行了 52 届加蓬杯足球赛。

加蓬足球协会成立于 1962 年，是专门管理加蓬足球事务的组织，是国际足球联合会、非洲足球联合会和中非洲足球总会联会成员。2012 年，加蓬与赤道几内亚共同举办非洲国家杯。2017 年，第 31 届非洲国家杯在加蓬首都利伯维尔的中加友谊体育场举行。加蓬国家足球队队长皮埃尔·埃默里克·奥巴梅扬当选 2015 年度非洲足球先生，成为首位获得此荣誉的加蓬人。

在非洲一些国家和地区，手球是除足球之外最受欢迎的球类运动之一。2018 年，加蓬在利伯维尔举办了第 23 届手球非洲杯。

---

[1] 资料来源于牛津商业集团官网。

近年来，中国武术在加蓬受到欢迎。1992 年，加蓬武术协会成立，成为当地传播中华文化、弘扬武术精神的中坚力量。2012 年，中国武术代表团来到加蓬，与加蓬武术协会成员进行交流。2015 年，由加蓬文化、青年和体育部举办的"第 24 届加蓬武术之夜"活动在利伯维尔工兵学校体育馆内举行。来自加蓬官方、民间以及其他国家的十余个演出团体表演了中华武术、柔道、空手道、跆拳道、柔术、非洲传统武术等精彩节目。中华武术博大精深，加蓬人民有爱好武术、习武健身的传统，两国民间的武术交流已成为中加文化交往的一道亮丽风景。

加蓬政府重视运动员的身体状况，要求所有的单项运动协会都必须给运动员购买人身保险；各体育俱乐部必须有队医保障运动员的健康，在对队员进行严格体检之后才能向其颁发比赛许可证；所有比赛现场必须配备救护人员和急救车。

七、新闻出版

全国新闻委员会负责指导加蓬的新闻工作。首都利伯维尔是加蓬广播、电视等各类媒体的信息中心。加蓬的新闻媒体主要使用法语，也有少数媒体使用地方语言。

加蓬国内共出版两种日报。加蓬政府发行的《团结报》是加蓬最主要的官方报纸。加蓬政府拥有其 75% 的股份，该报的董事长、社长、总编辑均由总统任命，该报反映加蓬官方观点，是加蓬最有影响力的报纸。《团结报》每期发行量约为 2 万份，在加蓬各大城市及部分中非、西非国家有售。加蓬各党派均有自己的机关刊物，如加蓬民主党的《振兴报》、伐木者全国联盟的《消息报》、加蓬进步党的《进步者报》等。加蓬的私人报刊有《加蓬农工商会月刊》《加蓬战略月刊》《加蓬经济》《今日加蓬》《自由加蓬》

《蝉鸣报》《九月》《加蓬公报》等。网络媒体有加蓬评论等。[1]

广播是加蓬最重要的大众传播手段，遍及全国各省广播网络的"复兴之声"和各省地方广播每天 24 小时用法语和当地语言播音。国营加蓬广播电台"复兴之声"建于 1959 年，拥有中、短波和调频发射台。第二广播电台建于 1973 年，仅有调频发射台。加蓬有数十家私营电台，其中莫亚比短波电台（非洲一台）建于 1981 年，发射台设在离弗朗斯维尔约 40 千米的莫亚比，为加法合营，该电台在上奥果韦省设有 5 个功率为 500 千瓦的发射中继站，这是非洲功率最大的广播发射台。它主要面向 14 个非洲法语国家的听众，每天用法语播音 12 小时，其内容以传播法国文化为主。此外，在加蓬，不用短波就可以在调频波段收听法国国际广播电台 24 小时连续播送的即时新闻和其他节目。

加蓬电视网全国分布不均，但其电视事业发展较快。加蓬广播电视台是加蓬最早的电视传媒机构。加蓬电视一台为国营电视台，播出的电视节目内容包括：国家大政方针及国家领导人活动等国内外时政要闻；加蓬历史、地理知识；加蓬各民族的舞蹈、歌曲等民族文化活动；党日、国庆日、青年节等专题节目等。加蓬电视二台设在总统府内，仅覆盖首都利伯维尔，其新闻内容与加蓬电视一台基本相同，但更为及时，非新闻播放时间里主要播放外国电影。非洲电视台（加蓬电视三台）是私营电视台，建于 1988 年，每天 24 小时不间断用法语播放节目，并转播法国电视台的相关节目。在加蓬，还能收到法国的"电视五台""欧洲新闻台"等。1992 年，加蓬开通卫星电视，人们能够通过购买卫星电视套餐在加蓬收看到欧洲、亚洲等地的电视节目。

---

[1] 中国驻加蓬大使馆经济商务参赞处. 对外投资合作国别（地区）指南——加蓬（2019 年版）[EB/OL]. [2022-09-08]. http://ga.chineseembassy.org/chn/.

第二章 文化传统

加蓬各族人民自古在美丽富饶的国土上繁衍生息，直到 15 世纪，欧洲人到达并开始与当地人建立贸易关系，加蓬由此开启了一个新的时代。加蓬迅速对大西洋世界开放，商业活动的发展及罪恶的奴隶贸易加速了加蓬的社会和政治突变。

第一节 历史沿革

一、法国殖民征服时期

18 世纪末至 19 世纪，法国对加蓬地区沿海及内陆的"考察"和"探险"是其进行殖民征服的重要前提。法国探险家对奥果韦河的考察，使法国殖民扩张情绪高涨，法国将加蓬划定为自己的势力范围，并订立"保护"条约，自此开始正式统治。而这一时期的加蓬，在奴隶贸易的影响下，生产遭到严重破坏，社会停滞不前，这使法国殖民者有机可乘。

除"探险"和"考察"外，法国还向加蓬派遣传教士，使其充当殖民侵略的先行者或配合殖民军队活动。19 世纪 50 年代，随着"考察"活动逐步开展，加蓬土地上的传教士逐渐增多，传教活动日趋活跃。这些传教士借助所谓的"学术工作"之名，搜集殖民侵略所需的有关当地语言学、人类学、历史学和地理学的资料，掩盖其侵略目的。他们和加蓬人生活在一起，深入当地社会，了解各族人民的经济、社会及意识形态，通过开展教育与医疗工作以此博得部分居民的信任；他们充当酋长们的顾问，成为殖民侵略者和加蓬人之间的翻译；他们在加蓬进行奴化教育，在文化侵略中起主导作用。传教士与探险家的活动彼此推动，为西方殖民者侵占加蓬铺平了道路。

1839—1885 年，法国采用订立政治条约的方式，诱使加蓬各部落首领交出统治权以换取所谓的"保护"。柏林会议使法国加快了在赤道非洲的扩张步伐，法国逐步划定殖民地边界。1886 年，法国宣布加蓬成为法属殖民地，加蓬各族人民进入黑暗的殖民统治时期。

二、殖民统治时期及非殖民化时期

1886 年，法国基本完成了对加蓬的占领与殖民化。法国在非洲殖民地实行高度的中央集权制统治，加蓬作为其殖民地，主要接受法属赤道非洲总督或副总督的管理。

面对法国人的殖民统治，加蓬人民举起了反抗殖民主义者的大旗，争取民族解放。加蓬爆发了多次武装冲突，第一次世界大战后，所有的本土抵抗活动都被镇压了。第二次世界大战是世界各国民族主义力量与法西斯之间的战争，加蓬虽不是二战的主要战场，但其政治、经济、社会也受到国际社会的深刻影响，法国在加蓬的殖民统治有所动摇。二战后，法国转变统治方式，实施非殖民化政策，在法律层面上解除对殖民地的直接和有形控制。法兰西第四共和国给予加蓬人基本的政治权利，加蓬人在国内政治舞台上日益活跃，最终引领国家走向独立发展的道路。

伴随着殖民进程的深入，加蓬民族主义蓬勃发展，其主要标志是民族主义政党的建立，1946 年 10 月 18 日，在法国国民议会中非洲议员的倡议下，港口城市巴马科召开了法属领地各国代表大会。会议决定在法属西非和赤道非洲建立一个共同的政党组织——非洲民主联盟，要求实现非洲的政治、经济和社会解放，反对帝国主义和殖民主义。1960 年 8 月 17 日，加蓬宣布独立，但仍留在调整后的法兰西共同体内。

三、独立以后

经过加蓬人民长期斗争，美丽富饶的国土重新回到加蓬人的怀抱，加蓬人民作为国家的主人登上了历史舞台，历史翻开了崭新的一页。独立以后，加布里埃尔·莱昂·姆巴和哈吉·奥马尔·邦戈·翁丁巴两任总统带领加蓬从乱走向治。进入 21 世纪以来，阿里·邦戈·翁丁巴总统积极向外寻求贸易合作，开放的对外政策使加蓬逐渐向"非洲的新加坡"转变。

（一）加布里埃尔·莱昂·姆巴执政时期（1960—1967 年）

1960 年 8 月 17 日，加蓬独立，开始国家创建工作。加蓬第一共和国（1960—1967 年）与法国签署协议，基本保持了以前与法国的依赖与支配关系，这是加蓬获得政治独立的条件。自此，加蓬进入了保障政治独立，建立和发展民族经济，实现经济独立的新阶段。但在独立初期，加蓬国内社会矛盾复杂，政权基础薄弱，殖民遗痕严重，法国的新殖民主义要求加蓬满足法国利益需要，这给加蓬社会带来了沉重的负担，通过签署协定，法国继续掌握对加蓬政治、经济、军事、文化等方面的控制权，例如，在文化上，《高等教育合作协定》规定，只有在法国留学的加蓬人，其学籍才被承认，加蓬只能聘请法籍教授在加蓬任教等，这在某些情况下甚至破坏了独立的基础。

1960—1964 年，姆巴总统为了避免公开的不同政见的政治辩论和党派之争，对主要反对派实行压制民主、排除异己的手段，严格限制反政府言论和政治集会。与此同时，统治集团内部出现了领取高薪、侵吞国家财政收入的现象，这些现象引起广大民众对姆巴政府的强烈不满，革命一触即发。1964 年 2 月 17 日，加蓬发生政变，但政变发生不到 24 小时，法国立即做出反应，派遣军队对加蓬政变进行武装干涉。法国对加蓬政变的武装干涉激起了加蓬人民的愤怒，加蓬境内爆发了广泛的抗议活动。政变和群众性抗议示威行动使新生的加蓬政权陷入动荡飘摇之中。此时，姆巴总统的健康状况每况愈下。1967 年 11 月 28 日，姆巴总统去世，加蓬第一共和国结束。

（二）哈吉·奥马尔·邦戈·翁丁巴执政时期（1967—2009 年）

姆巴总统去世后，根据当时的法律规定，哈吉·奥马尔·邦戈·翁丁巴代行共和国总统职务。1973 年 2 月 25 日，邦戈在普选中获得 96.6% 的支持率，正式当选为共和国总统，任期 7 年。此后，邦戈又连续数次当选总统，一直连任至逝世。

邦戈当选总统后，认识到改革的迫切性和必要性。据此，他实行政治改革，以稳定政局。邦戈总统开启了加蓬独立历史的新时期，这一时期被称为革新时期。邦戈总统执政期间，加蓬从多党制的国家变为一党制的国家，同期，加蓬民主党成立。在第二共和国成立后的几十年（1968—1991 年）里，加蓬借助石油财富变得异常富裕，大量农村人口涌向城市。

（三）阿里·邦戈·翁丁巴执政时期（2009 年至今）

2009 年，邦戈总统的第三任妻子去世，加蓬电视台称，邦戈总统深陷妻子去世的忧伤之中，不得不暂时中止其总统职务，以休息和重新获得力量。在邦戈总统住院期间，时任民主与共和联盟政党领袖的副总统迪焦博·迪翁基·迪·丁盖暂代总统职务。

2009 年 6 月 8 日，邦戈总统去世。加蓬《宪法》规定，总统职位空缺时，由参议院议长或第一副议长代行总统职权，并在 40 天内组织总统选举，而代行总统职权的人不能参加总统竞选。6 月 10 日，参议院议长罗斯·弗兰西娜·罗贡贝依《宪法》规定就任临时总统。迪焦博·迪翁基·迪·丁盖按《宪法》规定辞职，不再行使总统权力。2009 年 6 月 27 日，罗贡贝重新任命迪焦博·迪翁基·迪·丁盖为副总统。

罗贡贝的临时总统任期仅仅持续了 4 个月。2009 年 8 月，前总统哈吉·奥马尔·邦戈·翁丁巴之子阿里·邦戈·翁丁巴赢得总统大选。2009 年 10 月 16 日，阿里·邦戈·翁丁巴就任加蓬共和国总统，并连任至今。

第二节 风土人情

一、节假日

加蓬节日较多，既有基督教、伊斯兰教等宗教的节日，也有本土世俗节日。通常情况下，加蓬的报纸会提前刊登节日放假消息。加蓬的公共节假日包括公历新年、五一国际劳动节、国庆节。加蓬的国庆节又称独立日，是每年的 8 月 17 日。除此以外，基督教教徒过圣诞节、复活节、圣神降临节、万圣节等。伊斯兰教教徒过宰牲节、开斋节等。加蓬法定假日共有 13 天。由于有时节假日恰逢周日等情况，全年实际法定节假日放假约 10 天左右（见表 2.1）。

表 2.1 加蓬法定节假日

名称	时间	假期
新年	1 月 1 日	1 天
开斋节	斋月结束后第二天	1 天
宰牲节	伊历十二月十日	1 天
复活节	3 月 21 日或其后月圆后第一个周日	2 天
劳动节	5 月 1 日	1 天
圣灵降临节	复活节后第 7 个周日	2 天
圣母升天节	8 月 15 日	1 天
加蓬国庆节	8 月 17 日	2 天
万圣节	11 月 1 日	1 天
圣诞节	12 月 25 日	1 天

二、婚姻、家庭与丧葬

加蓬处在现代婚姻与传统婚姻并存阶段。城市盛行现代婚姻，大多认可一夫一妻制。男女自由恋爱，结婚要依法到政府有关部门登记，称为公证结婚。公证结婚后，需依据夫妻双方的宗教信仰举行相应宗教仪式。农村则多为传统婚姻，许多部族实行一夫多妻制。结发之妻需遵循父母之命，男子没有选择的权利。但从娶第二个妻子开始，便可男子本人做主。男子娶妻一般要给女方家送彩礼，彩礼总额高达 15 万—20 万非洲法郎，这对于一般的农民来说，是一笔不小的费用。因此，换亲之事时有发生。婚后女方如无端提出离婚，则必须归还彩礼。结婚后，夫妇以核心家庭的方式生活。在现代文明的洗礼下，加蓬的许多夫妇在银行设立了各自的账户，在经济上保持独立。

加蓬人的家族观念强烈。许多部族仍保留着浓厚的母系社会传统，孩子是母亲家的成员，男子也视其姐妹的孩子为自己的孩子。虽然部落的酋长由男子担任，但其权力是由母亲家赋予的，其职位也由其胞弟或其外甥继承，不能由儿子继承。

由于宗教原因，加蓬法律禁止火葬。按传统习惯，加蓬实行土葬，在下葬之时，举行超度亡灵的仪式。妻子死后，其夫要头缠黑布守灵 3 天。

三、房屋住宅

加蓬主要城市现代化高层建筑林立，西式别墅掩映在热带植物丛中。而在乡下，百姓仍居住在传统房屋内。加蓬的各个村庄由纵横交错的河流或通衢连接。一般说来，居住在同一村落的居民属于同一氏族，村长即族长，其职位是世袭的。村子的中央有一个正方形广场，广场一侧的公房是全村最高大的建筑，一般高约 2.5 米、宽约 3 米、长约 3 米，是村民聚会议事和休闲的地方。村民的房子环绕在四周，整齐地排成两三层，房子朝向广场的一侧涂有黑红相间的涂料，房子的立柱上雕着妇女的形象，体现了母系氏族传统。

为适应赤道高温潮湿的自然环境，加蓬各族人民的传统住房一般就地取材，因地制宜地建造。例如，米耶内人用木头搭成类似中国南方少数民族的"干栏式"建筑。芳族人的建筑材料也是木材，但其房顶是用茅草、瓦或铁皮覆盖而成的四个斜坡，房舍四周是竖起的木桩，木桩之间用枝条编成篱笆，再抹上泥就成了墙壁。这些房屋一般比较低矮，门户方方正正。芳族人盛行一夫多妻制，每个妻子拥有各自的住房，这些住房组成别致的院落。住房之外有厨房，厨房中央设有炉灶，灶的两侧各有一通风很好的小隔间用于制作风干肉。

四、服饰

加蓬人的民族服装特色鲜明，属典型非洲服饰，多以颜色鲜艳的当地布料制成。出席正式场合、约见政府成员、企业代表、重要客人时一般须着西装或传统服装以示尊重。

加蓬长夏无冬，男子日常穿着讲求简单舒适，他们多穿花衬衫配长裤，足蹬拖鞋，或直接赤足。男子通常蓄胡须，留短发。装饰华丽的连衣鱼尾裙或套裙是加蓬流行的女装，但不论哪种款式，其布料均是透气吸水性好的纯棉布。加蓬妇女必不可少的饰物是五颜六色的缠头巾，加蓬妇女有头顶重物的习惯，头巾既可以保护她们的秀发，又可以帮助其顶物时维持平衡。缠头巾一般是从前额缠起，顺耳上两侧向后，有的人将头巾在头上绕几圈固定，有的人图省事直接在脑后打一个结。加蓬妇女以长发为美，她们从小就用细黑线将头发从发根一直绕到发梢，扎成许多小辫。发型可用来辨别她们的年龄、社会地位、是否婚育、是否在服丧守孝期等。加蓬妇女喜欢佩戴首饰，有的佩戴用熟铁和黄铜制成的项圈，有的则戴金银或宝石制品。耳环、手镯和脚镯是常见的装饰品，它们与色彩鲜艳的服装相映，给人耳目一新的感觉。此外，加蓬有一定数量的穆斯林，穆斯林长袍在当地也很流行。

五、饮食

加蓬饮食以西餐为主，同时也有一些本地特色小吃。法式餐饮在当地影响较大，常常用来招待外宾。富有民族特色的菜肴有时也会出现在国宴上，如鸡肉曼巴（主要食材有鸡肉、辣椒、大蒜、番茄、胡椒、秋葵、棕榈油以及味道浓郁的非洲黄油）、油炸青蛙腿等。首都利伯维尔有数家中餐馆。

在广大农村地区，村民常以山药、芋头、芭蕉、木薯为主食；而城市居民则食用大米、面包等。副食多种多样，涵盖蕨类、蘑菇等山货以及飞禽走兽、鱼蛟虾蟹等。过着原始渔猎和采集生活的俾格米人会烹饪独特的菜肴，如烧乌龟、油炸蛇和毛虫等。最能反映加蓬饮食特色的还属汤类。加蓬人善于制作各式各样的汤汁，如酸辣爽口的纳尼汤（食材有肉末、葱头以及辣椒）、香甜可口的贡波树叶炖芋头汤、清爽淡雅的棕榈果核汤等。

加蓬人喜食辣椒。但由于辣椒有刺激性，若主人向客人主动提供辣椒，会被认为是不友好的行为。主人一般将辣椒放在桌上，由客人根据饮食习惯自取。客人如果取食，并说一些赞美辣椒味道的话，可增进同主人的感情。

六、礼仪禁忌

热情好客的加蓬人非常讲究礼节，当地流行"碰头礼""贴面礼"。熟人见面，多是点头躬身致意或两人左右额角轻轻相碰以示友好；老友久别重逢，常常互相拥抱、贴面，长时间地问候、寒暄。在城市地区，男性大多被称为"先生"，女性大多被称为"女士""夫人"或"小姐"。在农村地区，迄今仍然沿用传统称呼，男子遇见与自己年龄相仿的客人爱称兄道弟，而对年长的客人，则多称"爸爸""妈妈"。

加蓬的各个社团均有其独特的礼仪，外人不能参加其活动。在加蓬，不可随意给人拍照，男子不可主动与年轻女子搭讪。到加蓬人家里做客时，客人进入主人家前要取下帽子及墨镜。参加婚礼时，女士忌穿黑色和白色连衣裙。参加葬礼时，女士不化妆，不佩戴饰品。加蓬人死后，特别是妇女，其遗体是神圣不可侵犯的，不可被其他人看见。

加蓬人认为左手不洁，接触脏物一律用左手，右手则用于接触入口的东西，送礼或递东西。与加蓬人交谈时，言谈举止须尊重对方宗教信仰，话题不要过多涉及历史和宗教方面的问题，尽量多夸赞加蓬优美的自然环境和加蓬人心灵手巧的工艺品。请客吃饭或举办冷餐会时，须考虑对方宗教信仰和饮食禁忌。加蓬大量居民信奉天主教，和他们接触时，应注意他们的宗教禁忌。早晨7点以前和下午7点以后，是天主教教徒同家人团聚或用于祈祷的时间，应避免在此时间段会客、拜访和宴请。除此以外，信奉天主教的加蓬人还忌讳数字13和星期五。而在穆斯林聚居的地区，不能谈论和猪有关的话题，也不能出现猪皮制品或标有猪图案的物品。

第三节 文化名人

一、文森特·德·保罗·尼永达

文森特·德·保罗·尼永达出生于1918年，是加蓬著名的政治家和剧作家。尼永达曾在姆巴总统统治时期就职于政府机构，是一个重要的政治人物，1957—1962年，他担任公共工程部长，1963—1964年，担任司法部部长。姆巴总统去世后，尼永达被遣送至与世隔绝的小村庄曼吉。在曼吉，尼永达远离奢华，他学会了打猎和种植蔬菜来养活自己和家人。

正是在曼吉，尼永达对写作产生了热情。他创作和制作了许多由村民出身的舞台演员主演的戏剧。在一次这样的巡回演出中，总统夫人观看了尼永达的一部戏剧，并说服了自己的丈夫邦戈总统，允许尼永达回到首都。回到首都后的尼永达远离政界，将他剩下的生命全部投入到创作中，成了一名成功的剧作家，并被誉为"加蓬戏剧之父"。

1993 年，尼永达的自传《从村民到部长》出版，该书记录了他作为政治家、作家和家庭主夫的不可思议的一生。

二、约瑟夫·通达

1952 年出生的约瑟夫·通达是一位社会学家和人类学家，具有双重国籍，加蓬籍是其中之一。他是刚果和加蓬文化、社会和政治领域的专家，目前是奥马尔·邦戈大学社会学教授，兼任法国巴黎社会科学高等研究院的客座教授。通达拥有法国格勒诺布尔–阿尔卑斯大学的博士学位，并获得了欧洲高等教育学会的研究指导资格，其研究领域为现代中部非洲的宗教、医学和身体崇拜的人类学。

2005 年，通达的《现代主权：中部非洲（刚果、加蓬）的权力结构》出版，引起轰动。该书是通达前一部作品《中部非洲的神圣卫士》的后续作品。《现代主权：中部非洲（刚果、加蓬）的权力结构》一书提出用令人费解的"现代主权"概念来研究赤道非洲中部的现代国家。通达采用并系统化了"现代主权"这一概念，在最广泛意义上说明了中部非洲的权力结构，以及它与暴力和身体的独特关系。该书所提出的关于权力及其表现的社会人类学，与乔治·巴兰迪尔的观点保持一致，也与后殖民研究的潮流保持一致。与文化主义相反，约瑟夫·通达通过研究属于不同时空但又具有同一时代性的符号方案之间的转变和冲突，着手"辩证看待传统和现代的时空"。[1] 通达借助其在布拉柴维尔的战争经历勾勒出一种微妙而不妥协的"非洲自我书写",让读者看到了一个双重主体,读者既陷入对现代君主的暴力想象中,又能对自己的处境进行敏锐的分析。[2] 唯一令人遗憾的是,作为整本书的基石,"现代主权"的保护性概念被认为是晦涩难懂的。

三、安吉拉·拉维里

安吉拉·拉维里是一位小说家。1954 年,安吉拉在加蓬的让蒂尔港出生,其父亲是加蓬著名政治家和诗人乔治·拉维里,其母亲是一名教师,在她 6 岁时去世。安吉拉在法国学习,获得了旺夫女子学院的学士学位,随后在朗托内学院获得了英语翻译专业的学士学位。手持两个学位的安吉拉来到伦敦生活了两年。

1979 年,安吉拉回到加蓬,从事翻译工作,并撰写了她的第一部小说《格玛拉卡诺在十字路口》。这部小说于 1983 年出版,讲述了一个年轻女孩对物质的渴望和社会传统价值观之间的冲突。她的第二部小说《埃隆加》于 1986 年出版,讲述了一个年轻的梅蒂斯人回到其母亲的国家后遭遇恋物癖的故事。1989 年,安吉拉出版了她的第三部小说《愤怒、尖叫和女人》。

四、艾达·图雷

艾达·图雷是加蓬的艺术家、苏非主义诗人、画家和作曲家。1973 年,

---

[1] JOSEPH T. Le Souverain moderne: le corps du pouvoir en Afrique centrale (Congo, Gabon)[M]. Paris: Karthala, 2005: 276.

[2] JULIEN B, JOSEPH T. Le souverain moderne: le corps du pouvoir en Afrique centrale (Congo, Gabon)[J]. L'Homme, 2006 (janvier-juin): 177-178.

图雷出生在加蓬，母亲是加蓬人，父亲是马里人。图雷在法国上高中，在那里，她对艺术产生了浓厚的兴趣。1995 年，图雷到纽约学习音乐，在此期间，苏非主义及伊斯兰教的内在维度激发了她创作精神性的诗歌作品。

2000 年，图雷出版了她的第一本苏非诗集《未显现的诗》。2001 年，她出版了诗集《崇高的球体》。2003 年，她出版了诗集《夜光》。2005 年，图雷自称被不可言喻的美丽形象所征服，这促使她开始绘画，将她诗中的灵性转化为美的视觉效果，她把这种艺术创作称为视觉苏非诗歌。

图雷在加蓬和美国展出了她的作品，也曾在国际杂志上发表作品，其大部分画作被私人收藏，收藏者主要来自加蓬、马里、法国和美国。2015 年，图雷在纽约举办了她的第二次展览，名为"发光的暗物质"，以庆祝黑人历史月。2017 年，她被"好的，非洲"数字媒体平台选为"值得关注的女性"。2018 年，图雷出版诗集《宇宙性》。2021 年 9 月，她推出了自己的非同质化代币（Non-Fungible Token，以下简称 NFT）投资组合，并开始以 NFT 的形式销售她的艺术作品。

第三章 教育历史

第一节 历史沿革

一、前殖民时期的教育

在西方殖民者踏上加蓬的土地之前，加蓬的教育沿袭了集体生活的传承模式，采用口耳相传的方式，以家庭和社区为主要单位的教育占据主导位置，此时不存在真正意义上的教职人员，父母和同社区（通常为村庄）的长者肩负了教育的主要职责，教育的目的是让年轻人了解自身与周遭环境之间的社会关系，教育内容因性别而异。家族中的成年男子肩负男童的教育任务，教授后者自卫、狩猎、捕鱼等一系列生存技能，使其懂得守护家庭和帮助邻人的责任。家族中成年女性则教授女童做饭、清洗、种地等生活技能，并传授团结邻里的生活理念。无论男女，在成长的过程中都需要学会尊重长辈，爱护家人，友爱乡邻。

这一教育模式根据父系和母系部落的不同有所差异。例如，在芳族、姆贝岱族这样的民族中，未婚同居的男女一旦有了子女，教授语言和习俗的任务就落在母亲或母系家族中的男性（如舅舅）身上；但如果是一对已婚夫妇有了子女，教育责任按照习俗则由男方承担，即便父亲去世，仍然由父系家族的男子（如叔伯）来承担。[1]

口耳相传的知识传递方式决定了在传统的加蓬社会中历史是以口述史诗的形式流传下来的。不同民族保留了自己独特的口述历史，例如，芳族说唱艺术"姆维特"[2]和姆贝岱族的史诗《奥兰德》中对非洲的历史叙事就存在较大差异。

二、殖民时期的教育

加蓬的学校教育几乎与殖民统治同时出现。[3] 1815 年，法国政府派让·达尔[4]到塞内加尔筹建学校，培养教师，提高适龄儿童入学率，让·达尔在塞内加尔的教育改革成效卓著，于是，这种教育模式被推广到撒哈拉以南其他非洲国家，其中包括加蓬。

1830 年是加蓬历史上的一个重要转折点，它不仅标志着殖民时代的开始，也是加蓬学校教育史的起点。随着殖民者的到来，加蓬教育模式还出现了一个重要的变化，即专业教师群体的出现。然而，殖民者建立学校的初衷并非为了适应加蓬社会发展的需要，而是为了培养满足殖民当局需要、受过良好教育的本地协作者和对话者。因此可以说，法国殖民当局开设的学校在本质上只是殖民运动的一种同谋行为，是用文化同化当地人民的殖民形式。殖民者认为，殖民即与新的国家建立联系，使其符合法国的利益，他们美化自己的殖民行为，称其为当地民众带去知识、文化、科学、道德、艺术、文学和工业，向他们传授先进民族的文明。

---

[1] SCHUMMER N E E. Intération en classe d'espagnol langue étrangère: étude comparatives des productions verbales enseignants/apprenants en classe de quatrième et terminale à Libreveille[D]. Paris: Université Paris Ouest Nanterre, 2016.

[2] 姆维特（Mvet）为一种非洲弦乐器，同时也指以该乐器伴奏的口头说唱艺术。

[3] MOUMOUNI A. L'éducation en Afrique[M]. 2e édition. Paris: Présence Africaine, 1998: 39.

[4] 让·达尔（1789—1893），法国教师，1817 年在塞内加尔开设了非洲第一所法语学校，1846 年编写了第一本法语和沃洛夫语的双语字典。

在殖民者的教育实践中，传教士发挥了重要的作用。在非洲殖民化过程中，教育常常与宗教传播同步进行，传教士在加蓬的土地上扎根并非一蹴而就之事。19 世纪上半叶，一个名为美国海外传教委员会的新教教会来到非洲，并在今天利比里亚的棕榈湾建立了第一个传教所，但遇到诸多阻碍，因而传教士们不得不转至加蓬。1842 年，这些传教士在加蓬西北部河湾省一个名为巴拉卡的村子建立传教所，并在这里教授福音书、英语和姆彭戈韦语，后者是西方人早期接触的沿海原住民 [1] 使用的语言。1843 年，加蓬共有 3 所教会学校，这 3 所教会学校都是小学，共接收 60 余名学生。尽管传教士努力扩大教学规模，但结果不尽如人意，很多学生辍学回归家庭。

在第一批美国新教传教士来到加蓬后不久，1843 年，法国决定向加蓬派遣传教士，培养能够与殖民当局沟通的本地人才，加速征服这块土地的进程。1844 年 9 月，让-雷米·贝肖神父建立了加蓬第一所天主教教会学校，但其招生对象仅限男生。和新教教会学校类似，天主教教会学校用法语和姆彭戈韦语教学，培养合格的教会人才或与殖民当局合作的实用型人才，但入学率依然不高。

教会学校的建立标志着加蓬学校教育体系的萌芽和逐步成型。在殖民当局和传教士的合力下，符合殖民当局政治利益的教育体系初具规模。这些教会学校成立之初，招生是其首要难题，非洲很多国家出现了所谓的"人质学校" [2]，强制要求当地显贵的子女入学。这些教会学校的主要目的是培养殖民活动所急需的适宜劳动力，这些劳动力将从事欧洲人因水土不服或劳动强度过大而无法从事的工作。

这一时期，加蓬的学校往往采取殖民当局和教会协议共建的形式。双方签署协议，要求法语必须是学校唯一授课语言。但由于种种原因，部分

---

[1] 姆彭戈韦人被认为是最早居住在加蓬河口地区，特别是今利伯维尔附近的土著居民。

[2] "人质学校"，殖民者强行要求部落首领和当地显贵子女入学的学校，旨在培养与殖民当局合作的办事人员。最早的"人质学校"于 1855 年由殖民总督路易·费德尔布创立。

教会学校并未严格遵守这一规定。同时，教会学校在数量和教学质量上都不尽如人意，无法满足当时社会和经济发展的要求。"大部分学生只看得懂几个法语单词，他们不会读书写字，甚至说话都不利索。教会学校毕业生中的合格工人很少，仅有的一些能说法语或技术熟练的本地人成为政府、殖民公司和个体企业争相招聘的对象。"[1] 因此，殖民当局认为有必要依靠当地的经济实体建立自己的教育机构和体系，培养殖民所需劳动力。

1883 年，法兰西第三共和国总统弗朗索瓦·保罗·儒勒·格雷维签署了关于在加蓬建立公立小学的法案，迈出了在加蓬建立公共基础教育的步伐。1884 年，柏林会议召开，西方世界对非洲的瓜分达到高潮，殖民征服逐渐转向殖民统治和管理。法国在加蓬的殖民当局考虑建立公立教育体系，使之与这一时期的殖民统治和经济剥削更匹配，建立公立教育体系成为奴役当地民众、进行文化压制和去国民身份的最有效的工具。1888 年，四位法国教育家希望在利伯维尔建立第一所世俗小学，但因殖民当局对世俗教育体系管理混乱，这一努力以失败告终，世俗教育在很长一段时间内屈居于教会学校之下。1902 年，加蓬第一批职业学校在利伯维尔建立，主要教授学生伐木、冶金、石材加工、耕种等技术。1907 年，加蓬第一所真正意义上的公立小学在利伯维尔成立。

值得注意的是，殖民并不是在一片文化荒漠上建起高楼，殖民意味着击溃本地的传统文化，奴役民智民心，在原有的文化土层上重构起另一种文化。最初，加蓬的小学教育是珍稀资源，入学者须经严格筛选。殖民当局考虑到与本地人打交道的直接人群是部落首领，因此教育只面向这类人群的子女开放，但后者感受到法国学校对传统价值观的威胁和压制，因而往往只派自己属下的子女入学。在这些小学中，学生被划分等级，第一等级为部落首领子女，第二等级为要员子女，农民子弟只是填补最后的空余

---

[1] CHALLAYE F. L'enseignement des indigènes au Congo français[J]. Pages Libres, 1906, 283: 559.

名额而存在少量入学的情况。本着所谓的"精英教育"模式，加蓬学校的一些科目仅对法语掌握情况良好的部分优秀学生开放，而成绩稍差者则会被分流到职业教育，这在后期逐渐形成了两大教育体系：一为培养精英人才和政府官员的传统普通教育，另一为培养技术型工人的短期职业培训。教育成为改变加蓬传统社会构架的一个重要因素，一些曾经出生于奴隶阶层的孩子经过教育实现社会阶层的跃升，而这一点很快被加蓬的部落首领们意识到，为了保证原有社会阶层的稳定，他们努力将受教育权重新限制在显贵子弟人群中。

教育为殖民当局培养了统治所需的技术型劳动力和为殖民当局办事的协作者（包括政府官员、译员、医生、商人等），同时，教育也是殖民者文化殖民的有效手段。加蓬的教材和培养方案中透露出殖民者的精神统治意图，殖民者试图证明非洲本土文化和语言相对于西方文化及语言所谓的"落后性"，突出西方（特别是法国）文明所谓的"优越性"："历史和地理教育都必须表现出法国是一个富饶、强大的国家，法国值得尊重，因高贵的情感而伟大、慷慨，自古以来不遗余力地解救受苦受难的人民，为野蛮民族带来和平和文明。"[1] 加蓬的教材、培养计划和获取学位的难度相对于法国本土都有所降低，法国殖民当局认为，"他们（加蓬等非洲人）所获文凭无法和法国同一水平的文凭的含金量相比较"。[2]

在加蓬强制开展法语教学是殖民当局达成文化殖民的最有效手段。法语不仅是一个学习科目，更是法国殖民学校唯一的教学语言。1883 年，法国政府出台法令，规定包括加蓬在内的殖民地学校把法语作为唯一的教学语言，学校如果使用非洲本地语言则会受到严厉惩罚。虽然殖民当局此后也采取过一系列改革措施，实行柔性的语言教学政策，即采用本地语言和法语并行的教学方式，但 1924 年 5 月 10 日的法令整改了所有法属殖民地的

---

[1] MOUMOUNI A. L'éducation en Afrique[M]. 2e édition. Paris: Présence Africaine, 1998: 57.

[2] MOUMOUNI A. L'éducation en Afrique[M]. 2e édition. Paris: Présence Africaine, 1998: 57.

教育管理体系，再次规定"法语是学校内唯一的教学语言，教师和学生在校内不得使用本地语言。"[1] 1938 年 3 月，法国殖民当局签署《布拉柴维尔法令》。此后，加蓬和其他法属殖民地一样，执行统一的教育政策，使用法国制定的教学培养方案，加蓬的所有教育机构需撰写年度报告，向殖民当局汇报学校情况，公立学校以法语为教学语言，禁止使用本地语言。

1947 年，加蓬照搬法国本土的高中毕业会考模式，建立了中学教学体系。1944 年，布拉柴维尔大会明确了义务教育的含义，要求男女享有平等的受教育权，缩小社会性别差距；提出在每个村庄建立小学，保证每校超过 50 名学生；推动中等教育发展，建立与法国相似的教育体系等。1949 年，加蓬推行小学阶段义务教育政策，要求所有适龄儿童必须接受小学教育。虽然这一时期的教育为加蓬培养了医生、教师等社会精英，这些人为加蓬独立后的社会和经济发展做出了杰出贡献，但这一时期公立学校的根本目的在于培养殖民当局所需的劳动力，同时，这一时期强制学习和使用法语的政策也在客观上造成了学校教育内容与社会实际生活的脱节。

三、独立初期的教育

1960 年，加蓬取得民族独立，但其教育体系仍然延续了殖民时代的模式，并且积重难返。对于殖民时代的教育体系，加蓬面临三种选择：全盘照搬、全盘否定和适应国情的改革。答案似乎是显而易见的，但事实上，虽然加蓬试图采取一些改革措施，但依然很难走出殖民时代的窠臼。

殖民时代的教育存在种种弊端，加蓬面临着多重挑战。第一，以往，教育的管理权掌握在殖民者手里，而独立后的加蓬需要建立起适应本国国

---

[1] 事实上，关于强制使用法语的规定早在 1883 年 11 月 24 日的法令中便已提出，后于 1903 年 11 月 24 日重申，规定法属西非殖民地使用法语为教学语言。这一要求在许多法属殖民地的本地行政命令中均有所体现。

情的教育法律体系和行之有效的教育职能部门组织架构。第二，殖民时期的教育事实上仅面向少数特权人群，独立后的加蓬需要普及教育，提高全民文化素质，适应 20 世纪科技和文化发展。第三，殖民时期的教育异化非洲本土文化，贬低传统价值观，宣扬宗主国的文化，独立后的加蓬需要重建民族文化，认同文化身份。简言之，加蓬独立后的教育改革要着眼教育立法、职能部门建立、基础教育普及、教学内容和计划本土化等方面。下一节将具体介绍加蓬当代教育的发展现状。

第二节 当代教育概况

一、基础教育普及和学生数量增长

为了革新教育体系，适应时代要求，1959 年 6 月 2 日，加蓬颁布《25/1959法》[1]，推行全民教育的政策，建立义务教育体系。独立后最初的几年，加蓬在扩大受教育人群方面的工作取得了初步成效：小学阶段学生数量从 1960年的 48 816 人增长至 1962 年的 61 678 人，增幅为 26.3%；中等教育阶段学生数则从 1960 年的 1 659 人增长至 1961 年的 2 500 人，增幅接近 50.7%。[2]

经过几十年的发展，加蓬已经建立起完整的教育体系，义务教育政策得以推行。根据联合国教科文组织统计数据，2018 年加蓬学前教育至高等教育的人数见表 3.1。[3] 加蓬文盲人口及文盲人口占总人口的比例见表 3.2。[4]

---

[1] 加蓬法律大多以"序号 / 年份"形式命名，但不同时期对年份等信息著录格式存在差异，对这一类法律，本书统一著录为"序号 / 四位公元纪年"。

[2] BERKALE D D. Politiques éducatives et réformes curriculaires au Gabon à l'ère de la mondialisation: enjeux socioculturels et jeu des acteurs dans l'école moyenne[D]. Bordeaux: Université Bordeaux Segalen, 2013: 102.

[3] 资料来源于联合国教科文组织统计研究所官网。

[4] 资料来源于联合国教科文组织统计研究所官网。

表 3.1 2018 年加蓬各教育阶段入学人数

教育阶段	入学人数
学前教育	180 224
小学教育	259 815
中学教育	289 290
高等教育	179 211

表 3.2 2018 年加蓬文盲人口及文盲人口占总人口的比例

年龄段	文盲总人数	男性文盲人数	女性文盲人数	文盲人口占总人口比例
15—24 岁	37 498	21 920	15 578	10.2%
15 岁以上	204 631	96 666	107 965	15.3%

二、教育立法和职能部门成立

1966 年 8 月 9 日颁布的《16/1966 法》是加蓬教育的基本法，该法提出了普及教育、发展职业培训和繁荣民族文化的使命，明确了国民教育开展公共教育、世俗教育和义务教育的基本原则，规定了教育体系的构成，成立了相关组织和部门。无论是儿童还是成人都有接受教育的权利，6—16 岁的加蓬儿童，不论出身、民族、宗教、性别都可享受免费的全民义务教育。该法律规定了教育的目标是培养德、智、体全面发展的文明公民，旨在维系国家统一和社会和谐。

在此之后，加蓬陆续出台一系列法令，进一步完善教育管理。1984 年 7 月 30 日的《10/1984 法》明确了学前教育的定义、组织方式及其教育原则。

1993 年 3 月 8 日颁布的《20/1992 法》规定了教育从业人员的地位和权益。1995 年 2 月 8 日出台的《0001 号法令》重新区分了技术教育和职业教育的组织方式。1996 年 6 月 6 日颁布的《000904 号法令》规定了考试机构工作人员的薪资待遇。2001 年 1 月 10 日出台的《021/2000 法》规定了加蓬高等教育的基本原则。

2012 年 2 月，加蓬颁布了《21/2011 法》，该法基于 1966 年《16/1966 法》进一步规定，加蓬教育坚持 3—16 周岁儿童和青少年的义务教育原则、世俗化原则、政治中立原则、机会均等原则；加蓬教育的使命为既扎根于多元文化，又面向现代知识和技术，帮助学生全面发展，融入社会，掌握职业技能，积累经验，培养其创新意识、批判精神、终身实践和思辨的能力，以社会教育和公民教育弘扬和平、统一、可对话和持续发展的加蓬文化价值观，与其他文化和文明保持积极互动和联系；增强国民对本国现实与国际形势的适应能力；通过使公民参与符合国家利益的事务或服兵役，加强公民教育；推广能团结凝聚各民族的地区语言，推广信息和通信技术；开展体育教育，提高学生身体素质和社会参与能力，锻炼学生吃苦耐劳、坚毅、团结和遵守规则的品质。

基于上述原则和使命，加蓬教育发展迅速。至 21 世纪初，加蓬已建立起相对成熟和完善的教育体制，教育机构按性质可划分为公立学校和私立学校，后者可再细分为教会学校和世俗私立学校，根据教育阶段可分为学前教育、小学教育、中等教育和高等教育。

《21/2011 法》不仅明确了国家教育、科研和培训事业的总体原则，还对教育管理的机构做出了明确的规定。加蓬的教育职能机构主要分为两大类，一类负责教育理论框架的设定工作，如确定教学目标、教学计划、学制、学科权重、考试机制等，另一类则负责具体的教学实践工作，包括课堂组织、教具配置、教学资料编写等。加蓬中央政府中负责教育工作的主要部委有高等教育部、科学技术发展部、国民教育部、职业技术教育部，后来高等教育部、科学技术发展部、国民教育部合作办公，合称国民教育-高等教育-科研部。[1]

加蓬全国划分为 24 个学区，每个学区进一步被划分为若干个教育基础区。加蓬的地方教育行政相关人员包括省教育督导、学区教育督导和各教育机构负责人。

三、语言政策的变化

法语是殖民时期学校教育的唯一语言，在教育改革初期，一些非洲民族主义者提议立即切断与法国之间的联系，禁止使用法语，因为这是帝国主义征服和统治非洲人民的工具和象征。但这个提议在加蓬遭到反对，因为刚刚独立的加蓬并没有完全做好脱离法语的准备。第一，不使用法语后，在本国众多的民族语言中究竟选取哪一个作为教学语言，大家意见不一致。第二，加蓬本国语言在拼读、书写和使用上暂无足够详细的描述和客观的规定，尚不能担负起教学语言的职能。第三，当时的国家领导等大多接受的是法国模式的教育，熟悉法语、西方文化和习俗。第四，使用法语在加蓬被视作社会地位较高和事业成功的象征。第五，加蓬如果试图学习现代西方社会机制和科学技术，法语是其不可或缺的一个纽带。

1964—1968 年，加蓬进行了第一轮教育改革。本次改革基本以法国教育模式为基础，保留原有的培养方案和考核机制，但也兼顾独立后国家社会环境，引入了一些与加蓬本国息息相关的文化元素。加蓬民主党提出了一项名为"Gassilangue"（意为"加蓬语言六版本"）的语言教育政策。但这一轮改革并未取得实质性的成效，从语言学和教学的角度看此次改革，其

---

[1] 国民教育-高等教育-科研部是一个合并而成的大的部委，但加蓬具体新闻和文件中仍继续按照分管工作和事务分别称呼指代，如国民教育部、高等教育部等，本书按照这一方法，根据原文献记录方式称呼具体主管部委。

漏洞比比皆是。[1]

1983 年 12 月 17—23 日召开的国家教育代表大会提出，民族语言是公民个人素养的坚实基础，是民族身份的基石，学好民族语言有利于儿童形成正确的世界观，并能促进外语（如法语）的学习。加蓬 1991 年颁布的《宪法》明确法语为加蓬的官方语言，但国家同时致力于保护和发展各民族语言。自此，法语作为教育语言的地位再无争议，而如何将其他本地语言融入教学计划成为接下来教育改革需要考虑的问题。自 1999 年起，加蓬政府决定在公立学校开设本地语言课程，但这项改革只在利伯维尔的几所学校里进行，并未普及到全国；开设的民族语言科目仅涉及使用人群较多的几种语言；本地语言课程仅向初一至初四年级的学生开放；大部分本地语言课程的教师只是由相关语言使用者临时兼任，并非相关科目的专职教师。因此，此项关于开设本地语言课程的改革并未撼动法语在教育体系中的优先地位。

四、非洲晴雨表关于加蓬教育情况的调研

非洲晴雨表是针对非洲地区和国家进行的调研组织，调研内容包括非洲各国的民主情况、政府管理情况、生活质量等诸多方面，其数据采集的主要形式为与当地居民面对面的采访，采访群体的数量和阶层具有一定参考价值，调研数据较为翔实。1999—2018 年，非洲晴雨表已在非洲 38 个国家进行了 7 轮调研，2019—2021 年，非洲晴雨表在非洲 35 个国家开展第 8 轮调研。这一轮中关于加蓬教育情况的非洲晴雨表民调由加蓬政治地理学科研中心负责具体实施，该团队在 2020 年 2 月采访了 1 200 名加蓬成年人。[2]

---

[1] BERKALE D D. Politiques éducatives et réformes curriculaires au Gabon à l'ère de la mondialisation: enjeux socioloculturels et jeu des acteurs dans l'école moyenne[D]. Bordeaux: Université Bordeaux Segalen, 2013: 105.

[2] WALI W C, OSSÉ L. Les Gabonais expriment leur insatisfaction des besoins d'éducation[R]. Accra: Afrobarometer, 2021.

2021 年公布的调查结果显示，虽然加蓬近些年教育基础设施的覆盖率逐年增长，但是民众对教育现状依然不满。加蓬民众认为目前的教育问题表现在以下三个方面。

一是基础设施覆盖度不足。学生数量增长对教育基础设施提出了巨大的挑战，目前加蓬尚无法为学生提供符合国际标准的基础设施。2020 年，加蓬 80% 的被调研地区至少设有一所公立或私立的学校，这一数据略低于同时期参与非洲晴雨表民调 18 个国家的平均水平（84%）。加蓬教育基础设施覆盖率城乡差异大，城市地区的覆盖率为 83%，而农村地区仅为 62%。

二是公立学校服务欠佳。约 38% 的受访者表示，在过去的一年里曾与公立学校打过交道，62% 的受访者表示无接触。在前一部分人群中，52% 的人认为在公立学校获得服务"困难"或"非常困难"。非洲晴雨表还对为获取公立学校服务是否有过"走后门"或私下送礼的行为进行调研，结果显示，34% 的受访者在过去一年中有过以上行为，且送礼行为与受访者所处的社会阶层、教育程度、年龄以及居住区域都有密切关系，具体表现为，贫困人群的"走后门"或私下送礼行为多于富裕家庭，受过中等教育及以上的人群多于未受过教育的人群，46—55 岁人群多于年轻人群，男性略多于女性，农村地区人群多于城市地区人群。

三是教育质量满意度低。总体而言，大部分加蓬民众不满意政府在教育领域的工作，只有 19% 的受访者对其工作表示满意。69% 的受访者认为，帮助加蓬青年人就业的途径中，政府工作重点应是增加就业岗位，其次才是开展教育和职业培训。[1]

在两百多年里，加蓬人一直探索着属于自己的高效的教育体系，改革的步伐从未停止。学前教育、基础教育、高等教育、职业和技术教育从无到有，并不断发展。

---

[1] WALI W C, OSSÉ L. Les Gabonais expriment leur insatisfaction des besoins d'éducation[R]. Accra: Afrobarometer, 2021.

第四章 学前教育

第一节 学前教育的发展和现状

一、学前教育的发展历程

独立后，加蓬首先从法律层面明确，加蓬全体儿童都享有受教育的权利。加蓬《宪法》规定，国家保护儿童和成人接受教育、职业培训和学习文化的权利"。但《宪法》及随后的《16/1966法》并未明确6岁之前的学前教育组织方式。

20世纪80年代，加蓬政府开始关注低龄儿童受教育的权利，将保护低龄儿童权益的部分职能划归国家健康和社会互助部以及家庭和社会事务部，并出台了相应法律和规定。1984年7月30日颁布的《10/1984法》规定了学前教育的定义和组织，并明确负责学前教育事务的职能机构为家庭和社会事务部。1999年8月，政府又将负责学前教育的职能部门从家庭和社会事务部转到国民教育部，并将学前教育列入加蓬的国家发展计划，成为教育普及的重要组成部分，由此开始建设新的学前教学机构和培养师资力量。

2004年，加蓬妇女儿童权益保障部出台的《2089号规定》提出，大力兴建托儿所，保障年轻单身母亲每天可请一定时间假照顾婴幼儿的权益。

此后，加蓬成立国家儿童权益观察所，这是各部委和各地区协同工作、保障学龄前儿童受教育权利的进一步体现。2012 年 2 月 14 日颁布的《21/2011 法》对学前教育的定义和构成、课程设置、培训资质、基础设施、教师资质及其培养方式进行了规定。2012 年 5 月 22 日，加蓬外交部出台的《0191 号规定》提出，成立儿童权益数据所，协助国家儿童权益观察所的数据统计工作。

加蓬在立法方面对学前教育的关注和重视极大地促进了学前教育的发展，仅 1999—2003 年，学前托管和教育机构就从 14 家增至 82 家，学前班从 27 个增至 144 个，学生数量从 1999—2000 学年的 1 003 人增加到 2002—2003 学年的 4 434 人。[1]

随着社会经济发展，加蓬的学前教育入学率有所提高。2015 年，加蓬共有 80 310 名适龄儿童接受学前教育，毛入学率达到 64%，其中以河口省最高，达到 76%。2015 年，加蓬各省学前教育情况见表 4.1。[2]

二、学前教育的现状

（一）学前机构

加蓬的学前机构种类较多，按照接收儿童的年龄和提供服务的性质可分为两大类。一类是托管性质的机构，主要有接收 3 个月至 5 岁婴幼儿的低龄儿童托管所和社区托管所，以及接收 3—5 岁儿童的学前中心。低龄儿童托管所和社区托管所主要任务是给经济困难的未成年单身母亲提供子女托

[1] BAH-LALYA I, YENIKOYA A. Gabon, pour une éducation de qualité accessible à tous[R]. Tunis: Association pour le Développement de l'Éducation en Afrique, 2011: 45.

[2] OTOUNGA M. Cartographie du système préscolaire au Gabon[R]. Libreville: Ministère de la Santé et de la Prévoyance sociale, 2015: 58.

表 4.1 2015 年加蓬各省学前教育情况[1]

省份	河口省	上奥果韦省	中奥果韦省	恩古涅省	尼扬加省	奥果韦－伊温多省	奥果韦－洛洛省	滨海奥果韦省	沃勒－恩特姆省	总计
男生人数	24 956	2 553	1 243	1 535	1 055	1 113	1 021	4 833	1 940	40 249
女生人数	25 040	2 434	1 258	1 633	1 003	1 203	1 043	4 902	1 545	40 061
学生总人数	49 996	4 987	2 501	3 168	2 058	2 316	2 064	9 735	3 485	80 310
3－5岁居民总人数	65 401	12 966	5 297	6 950	3 863	5 288	4 921	13 163	8 198	126 047[2]
毛入学率	76.4%	38.5%[3]	47.2%	45.6%	53.3%	43.8%	41.9%	74%	42.5%	63.7%

[1] 需要注意的是，该报告采集数据不完全，因为除了公立机构，加蓬还存在着大量的教会学校和世俗私立学校。且这两者在开展学前教育的机构中占据较大比重。以 2003 年为例，93% 的学前教育注册儿童就读于教会学校和世俗私立学校。

[2] 所引资料数据为 126 045，经核算，资料数据有误。

[3] 此次调研中，上奥果韦省的公立学前机构数据未提供完整，目前数据仅根据私立学前机构数据计算得出，故数据欠准确。

管服务，不同的是，低龄儿童托管所主要开设在城市地区，而社区托管所则地处农村地区。由于设于农村的社区托管所数量较难统计，表 4.2 仅反映各省低龄托管所和各省学前中心数量。[1]

表 4.2 2014 年加蓬各省低龄托管所和学前中心数量

单位：所

省名	低龄托管所	学前中心
河口省	2	9
上奥果韦省	5	7
中奥果韦省	2	2
恩古涅省	3	5
尼扬加省	3	3
奥果韦-伊温多省	1	1
奥果韦-洛洛省	3	3
滨海奥果韦省	2	2
沃勒-恩特姆省	2	7

另一类是接收 3—5 岁儿童，主要隶属国民教育部的，肩负儿童启蒙教育任务的学前教育机构。幼儿园为主要实施主体，开设小小班、小班、中班和大班，设有小小班的幼儿园主要招收 2—5 岁幼儿，其余幼儿园主要招收 3—5 岁幼儿。以每年 9 月 30 日为界，进入小班正式学习的儿童必须年满 2 岁半。

根据 2015 年联合国儿童基金会统计，加蓬共有 1 006 个学前教育机构，世俗私立学校最多，占比 55.4%，公立学校次之，占比 34.5%，剩下的为教

[1] BAH-LALYA I, YENIKOYA A. Gabon, pour une éducation de qualité accessible à tous[R]. Tunis : Association pour le Développement de l'Éducation en Afrique, 2011: 35-36.

会学校。

　　大部分公立幼儿托管班和幼儿园都受国民教育部以及国家健康和社会互助部管理，但其他部委也设立少部分公立学前教育机构，自行管理，以满足本单位职工子女的学前教育需求。2014—2015 年，托管班，幼儿园小班、中班、大班的数量 [1] 见表 4.3。[2]

表 4.3　2014—2015 年加蓬各部委管辖的托管班和幼儿园各年级班级数量

单位：个

部委	托管班	小班	中班	大班
国民教育部	333	713	843	836
国家健康和社会互助部	40	62	59	58
其他部委	6	14	15	15
总计	379	789	917	909

　　2005 年教育改革规定，加蓬学前教育机构可以独立于小学而存在，也可以作为小学的附属机构而存在。根据加蓬经济部数据统计局、国民教育部数据统计局、联合国儿童基金会 2011 年的调查，加蓬共有 41 所独立幼儿园和 482 所混合式学校（即包括学前班、小学或中学在内的一体化教育机构）。[3]

　　国家健康和社会互助部管辖的公立学前教育机构中包括聋哑儿童幼儿园、学习障碍儿童学校等，这些机构主要集中在首都利伯维尔。

　　学前教育的资源分布呈现出明显的不均衡性，加蓬东部至西南轴线上

　　[1] 部分幼儿园开设小小班，小小班相关数据未纳入此次统计。

　　[2] OTOUNGA M. Cartographie du système préscolaire au Gabon[R]. Libreville: Ministère de la Santé et de la Prévoyance sociale, 2015: 48.

　　[3] BAH-LALYA I, YENIKOYA A. Gabon, pour une éducation de qualité accessible à tous[R]. Tunis: Association pour le Développement de l'Éducation en Afrique, 2011: 48.

的几个省（如尼扬加省、奥果韦-洛洛省）学前机构较少（见表4.4）。以首都利伯维尔为例，6岁以下的儿童有多种学前机构可供选择，包括2所托儿所、37所面向社会的普通公立幼儿园、7所国防部幼儿园、4所市政府幼儿园等，[1]但尼扬加省仅有32所学前机构。学前教育资源分布情况与人口分布情况密切相关，人口密集的河口省和滨海奥果韦省所拥有的学前机构占全国1 006家学前机构总数的63.4%。[2]

表4.4 加蓬各省学前机构的分布情况

单位：所

省份	公立	私立		共计
		世俗私立	教会	
河口省	79	406	46	531
上奥果韦省	49	38	7	94
中奥果韦省	23	13	7	43
恩古涅省	35	6	6	47
尼扬加省	29	1	2	32
奥果韦-伊温多省	37	1	6	44
奥果韦-洛洛省	30	3	2	35
滨海奥果韦省	28	76	3	107
沃勒-恩特姆省	38	14	21	73

[1] BAH-LALYA I, YENIKOYA A. Gabon, pour une éducation de qualité accessible à tous[R]. Tunis: Association pour le Développement de l'Éducation en Afrique, 2011: 46.

[2] OTOUNGA M. Cartographie du système préscolaire au Gabon[R]. Libreville: Ministère de la Santé et de la Prévoyance sociale, 2015: 48.

（二）学杂费

加蓬公共教育资源匮乏，私立学前机构占比大，公立和私立学前机构的学费悬殊。以 2015 年为例，公立学前机构学费为每年 2.7 万西非法郎，而私立学前机构平均学费高达每年 27 万西非法郎。[1] 在地区差异方面，学前机构数量越少的省份，私立学校的学费越低，反之则越高。教育事业最为发达的河口省和滨海奥果韦省的私立学前机构学费最高。

除学费以外，购买教材和教具的费用也是一笔不可忽视的教育开销。加蓬的许多幼儿园不提供教具，教材和其他教辅设备都需要由家长自行购买，有的教材教具甚至需要从国外采购，这笔开销对农村贫苦家庭来说是雪上加霜，导致儿童入学更加困难。目前，加蓬教育发展重点在技术教育和职业教育上，政府对学前教育的投入不足。

（三）幼教师资

幼儿托管和学前教育能否良性发展的一个重要因素是幼教师资力量的培养情况是否良好。加蓬在半个多世纪的学前教育发展过程中不断培养幼教师资，师资力量逐步加强。理论上，加蓬学前教育的教员应持有高中毕业会考文凭，且其后需要接受两年的学前教育师资培训。大部分幼教师资由利伯维尔的初级教育师范学院培养，而国民教育部招聘的教学顾问和督导则一般毕业于加蓬知名学府——国立高等师范学院。但加蓬学前机构的师资力量存在诸多问题，严重阻碍了学前教育事业的发展。

一方面，学前教育教师数量不足。2015 年，加蓬学前教育阶段的平均生师比虽为 16：1，略优于联合国教科文组织同年公布的世界平均幼教生师

---

[1] OTOUNGA M. Cartographie du système préscolaire au Gabon[R]. Libreville: Ministère de la Santé et de la Prévoyance sociale, 2015: 60.

比（17.7∶1），但加蓬国内生师比地区差异较大，部分省份生师比甚至达到
23∶1（见表 4.5）。[1]

表 4.5 加蓬各省学前机构学生人数、教师人数和生师比

省份	河口省	上奥果韦省	中奥果韦省	恩古涅省	尼扬加省	奥果韦-伊温多省	奥果韦-洛洛省	滨海奥果韦省	沃勒-恩特姆省
学生人数	49 996	4 987	2 501	3 168	2 058	2 316	2 064	9 735	3 485
女教师人数	3 091	220	158	204	141	103	72	514	223
男教师人数	105	33	0	12	14	12	18	25	24
教师总人数	3 196	253	158	216	155	115	90	539	247
生师比	16∶1	20∶1	16∶1	15∶1	13∶1	20∶1	23∶1	18∶1	14∶1

另一方面，学前教育教师的专业技能不足。根据加蓬国民教育部 2015
年的数据统计，加蓬国内的学前教育机构共有 692 个班级和 2 202 名教师，
但超过 1 500 名教师未曾接受过岗位培训。[2] 因而加蓬政府从 2015 年 1 月 14
日开始，加强对学前教育教师的培训，培训的对象包括社会直接招聘人员、
拥有普通教育文凭的高校毕业生、已入职但无师范类教育文凭和未受过岗
前培训的教师等，培训内容包括教育伦理、公民教育、课堂组织、启蒙训
练、教学方法等，培训周期约 10 天。加蓬政府将持续开展这一针对学前教

---

[1] OTOUNGA M. Cartographie du système préscolaire au Gabon[R]. Libreville: Ministère de la Santé et de la Prévoyance sociale, 2015: 58-60.

[2] 资料来源于加蓬评论官网。

育教师的培训项目，以保证国民教育起步阶段的教育质量。

除加蓬政府开展的培训之外，加蓬国民教育部的学前教育司还得到国际组织提供的学前教育师资方面援助，援助形式多样，包括直接派遣幼教志愿者、为本地教师提供国际幼教培训等。例如，从 2005 年开始，日本国际协力机构对加蓬进行幼教师资援助，每两年派 5 名学前教育的教师志愿者来加蓬，主要在河口省、上奥果韦省、沃勒–恩特姆省、恩古涅省和尼扬加省 5 个省进行教学支援；与此同时，日本也接收加蓬选派的教学顾问和督导赴日本考察学习一个月。再如，伊斯兰教科文组织也向加蓬提供幼教师资援助，通过在加蓬开展一系列教师培训、成立工作坊，为当地教师提供学习机会。

（四）教学理念

在学前教育的理念上，加蓬主要接受联合国教科文组织等国际组织的指导和推荐，以规范性为原则。加蓬的现有教育理念总体遵循的是全球公认的遗传心理学和成长心理学教育理念，具体包括认知建构主义、社会建构主义、学习转换三种教育理论。

加蓬的公立学前教育机构总体按照上述三种教育理论组织具体的教学实践、制定课程大纲。至于私立教学机构，督导很难监管到其教学实践，且每个教学机构的教学理念各不相同，很难统一。

第二节 学前教育的特点和经验

一、学前教育的特点

加蓬学前教育总体呈现出起步晚、形式多样的特点。相对于加蓬发展较成熟、入学率在非洲居前列的基础教育而言，学前教育起步较晚，无现成的模式可以套用。针对城乡差异和地区差异，加蓬利用各种社会资源发展学前教育，开办学前班、托儿所、幼儿园等，力争满足婴幼儿的托管和启蒙教育需求，这在一定程度上对基础教育的发展起到了推动的作用。

二、学前教育的经验

（一）重视低龄儿童健康，多方位提供社会服务

包括加蓬在内的撒哈拉以南地区和国家0—5岁儿童死亡率居高不下，这一现实情况督促加蓬政府重视低龄儿童的身体健康，多方位提供服务保证儿童的生存质量，间接促进学前教育的良性发展。加蓬的《21/2011法》明确了学前教育的定义，将儿童入学年龄降至3岁，这进一步保护了低龄儿童接受学前教育的权益。加蓬在法律中明确规定，学前教育的目的是保证儿童身心健康。

除了法律保障外，加蓬对低龄儿童的关注主要包括三方面：医疗卫生服务、专业服务和家庭服务。在医疗卫生服务领域，为保障低龄儿童的健康成长，加蓬的国家健康和社会互助部设立了17个母婴中心以及儿科诊所，除此以外，各种私立医院和诊所也成为公共医疗服务的有效补充。专业服

务指学前教育体系中托管所所提供的服务，低龄儿童托管所和社区托管所负责托管期间儿童的人身安全和游戏活动，工作时间一般为周一至周五早上 8 点至中午 12 点，下午时间可自行选择，入托对象包括残疾儿童。通过医疗机构、托管机构、家庭三方面的共同努力，加蓬 0—5 岁儿童的死亡率逐年降低，学前教育入学率也有所提升。

（二）照顾单身母亲，保证儿童入学权益

加蓬人口总体呈现年轻化的特点，且女性居多，女性人口占总人口的52%。[1] 此外，根据联合国人口基金会统计，加蓬不满 15 岁的居民占比较大，全国 80% 的人口集中在利伯维尔、让蒂尔港、弗朗斯维尔等大城市。加蓬大量未成年女性生育，根据 2012 年《加蓬国家人口和卫生报告》，15—19岁的加蓬年轻女性中有 23% 的人已成为母亲，另外 5% 的人即将生育第一胎。[2] 部分未婚母亲经济状况拮据，且没有时间精力照看和教育低龄子女。因此，加蓬政府从 21 世纪初开始新设了一批儿童托管所，并在政策上为年轻单身母亲提供便利。例如，加蓬妇女儿童权益保障部出台的《2089 号规定》第 2 条要求，进一步大力兴建托儿所，保证年轻单身母亲每天可请假一定时间照顾婴幼儿的权益。

（三）公私立学校协同发展

在 2005 年教育改革前，加蓬的学前教育主要由私立机构（包括世俗私立学校和教会学校）运营，以 2003 年为例，93% 的学前教育注册儿童就读

---

[1] MÉFÉ J P Z, OBAME J-N B, MVÉ D E, et al. Enquête démographique et de santé 2012[R]. Libreville: Direction Générale de la Statistique, 2012.

[2] MÉFÉ J P Z, OBAME J-N B, MVÉ D E, et al. Enquête démographique et de santé 2012[R]. Libreville: Direction Générale de la Statistique, 2012.

于私立学校。经过政府十多年的努力，加蓬的公立学前机构不断发展壮大，公立机构和私立机构发展不平衡的问题有所缓解。2015 年，加蓬 1 007 所学前机构中，公立机构 348 所，私立机构中，世俗私立机构 558 所，教会机构 105 所。数据显示，53.8% 的加蓬家长选择公立学校，其选择的最主要原因是公立学校学费全免，而 46.2% 的家长则出于教学质量的考虑选择私立学校。[1] 公立和私立学前机构的并存能够满足不同社会群体的教育需求，保证学前儿童受教育的权利。

第三节　学前教育的挑战和对策

一、学前教育的挑战

加蓬的学龄前儿童首先面临不是教育层面的问题，而是卫生和健康层面的问题，加蓬低龄儿童急需摆脱生存困境。据联合国儿童基金会的调查，对加蓬儿童生存的威胁因素主要是传染性疾病、人口贩卖和暴力行为。[2] 学前教育发展和普及的前提是有良好的医疗卫生资源和司法政策保障儿童身心健康。近些年，加蓬卫生部加大在孕期妇女中宣传艾滋病知识的力度，预防艾滋病母婴传染，扩大接受抗逆转录病毒疗法的人群。2010 年，加蓬接受了《联合国禁止贩运人口议定书》并颁布《09/2004 法》以禁止贩卖儿童行为，违法者将面临 5—15 年的刑期和大额罚金，但彻底改善儿童生存境遇仍然任重而道远。具体到教育领域，加蓬学前教育主要面临的挑战为以

---

[1] OTOUNGA M. Cartographie du système préscolaire au Gabon[R]. Libreville: Ministère de la Santé et de la Prévoyance sociale, 2015: 48.

[2] 资料来源于联合国儿童基金会官网。

下四个方面。

（一）职能部门界限不清，服务对象互相重合

参与加蓬学前教育管理工作的职能部门较多，但政府各部门存在权责不清的现象，各职能部门下属教育机构对学前班、托管所和幼儿园招收的入学儿童年龄段划分不合理。例如，同样隶属国家健康和社会互助部的两个学前托管机构中，由社会事务综合司主管的学前教育中心接受 3—5 岁学龄前儿童，而由家庭综合司主管的低龄儿童托管所接受 3 个月至 5 岁的儿童，这造成了就学对象重复和入学年龄冲突的情况。学前教育的政策和法规涉及诸多行政部门，加蓬政府急需厘清各职能部门的权限，避免职责权限冲突等问题。

（二）私立教育比重过大，教学质量难以管控

虽然公立和私立学前机构并存有利于保障儿童接受学前教育的权利，有利于满足不同社会群体的需求，但从加蓬学前结构内部看，私立学前机构占比较大，对其教学质量的监督和评估成为一个重要问题。虽然公立教育机构采用的教学计划虽各不相同，但基本都参照法国模式，教学大纲和教学计划都由国家教育学院指导委员会提供。然而私立机构的教学大纲和具体实施情况往往不是政府所能完全掌控的，例如，一些教会学校在教学中引入宗教内容，这对加蓬的教育世俗化原则构成威胁。

（三）残障儿童边缘化，学前教育入学难

加蓬许多残障儿童面临学前教育入学难的问题，当其学前教育缺失时，

便会进一步面临小学教育接轨难的问题。据统计，1998—1999 学年，28 570
名小学一年级的注册学生中，仅有 20% 接受过学前教育，[1] 学前教育失学
儿童中包括残障儿童，他们中许多人存在营养不良、认知发育迟缓等情况。
加蓬 12—23 个月的婴幼儿营养不良的比例为 29%；5 岁以下儿童营养不良的
比例为 21%，其中，重度营养不良者比例为 7%。农村地区情况更为严重，5
岁以下的儿童中，中度发育迟缓者占比 29%，重度者占比达 10%。[2] 营养不
良导致儿童入学困难，这些孩子的教育责任只能由家庭承担。

残障儿童的入学难情况与加蓬的文化传统密切相关。很多当地人认为，
残障儿童就应该留在家中，不宜送至学校由外人照看。此外，能够接收残
障儿童的学前机构主要为私立机构，私立机构学费高昂，贫困家庭难以负
担。加蓬目前也缺少对残障儿童学前教育倾斜的政策。综上，传统文化的
制约和公共财政投入的缺乏是残障儿童入学困难的重要原因。

（四）地区差异大，教育条件落后

加蓬的学前机构在地理分布上极不平衡。经济较发达和人口较多的省
份学前教育发展情况优于贫困且人口较少的省份。除此以外，城乡差异较
大，学前教育资源主要集中在相对发达的城市地区，入学儿童也来自较富
裕的家庭。即便是以经济发展相对靠前的滨海奥果韦省为例，虽然政府要
求每 35 名儿童需配备 1 个学前班教室，但以这一标准计算，全省实际缺少
193 个教室。[3] 再如，根据联合国教科文组织 2015 年对加蓬的调查，围墙、
屋顶、无障碍通道等学前教育硬件设施严重缺乏。虽然超过 50% 的机构地

---

[1] BAH-LALYA I, YENIKOYA A. Gabon, pour une éducation de qualité accessible à tous[R]. Tunis: Association pour le Développement de l'Éducation en Afrique, 2011.

[2] BENGOBSAME H, NKOGO J N, BETOUE-MAVOUNGOU N-G, et al. Gabon 2000, enquête démographique et sociale[R]. Libreville: DGSEE, 2001.

[3] 资料来源于加蓬通讯社官网。

处污染少、较安全的地区，基本都有围墙阻隔，但恩古涅省、尼扬加省、奥果韦-洛洛省、奥果韦-伊温多和省沃勒-恩特姆省的教室、围墙、操场等硬件设施仍然不到位，90% 以上的学前机构缺少针对残疾儿童开设的无障碍通道，80% 的社区托管所缺少儿童休息室等。[1]

二、学前教育的对策

面对诸多困境，加蓬政府正想方设法寻求突破。

一是竭力争取国际社会的援助。向联合国儿童基金会、世界银行以及非政府组织，争取包括资金支持、教具赠予、幼教师资培训等形式的援助，利用一切可以利用的资源发展学前教育，缓解各地区学前教育发展不平衡的困境。

二是促进家庭和学前机构之间的协作。为缓解幼教机构严重不足的情况，加蓬在政策上对年轻单身母亲的育儿时间做出规定，促使家庭和学前机构共同关注儿童养育与教育问题，从而缓解了学前机构服务时间之外儿童看护问题得不到解决的情况。

三是鼓励学前教育的教材编制和教具生产工作。为解决教学物资不足的问题，加蓬目前逐步由中央统筹教材教具转向地方自行生产教材教具，借助地方力量解决学前教育物资困境。

但是加蓬经济发展的瓶颈和地区发展不均衡的问题长期存在，学前教育的发展也任重而道远。

---

[1] OTOUNGA M. Cartographie du système préscolaire au Gabon[R]. Libreville: Ministère de la Santé et de la Prévoyance sociale, 2015: 51-56.

第五章 基础教育

第一节 基础教育的现状

一、小学教育

（一）小学教育学制

根据加蓬的《16/1966 法》，小学教育面向 6—12 岁儿童。鉴于小学教育可能涉及适龄儿童和非适龄儿童的情况，该法律第 8 条强调，小学教育可以由以下机构开展：幼儿园、学前班和启蒙班，主要面向 4—6 岁儿童；小学，主要面向 6—14 岁少年儿童；农村和城市地区的技工学校，主要面向 14—16 岁青少年；初中，主要面向 12—16 岁青少年。

在小学教育改革之前，加蓬的小学学制为 6 年，每两年为一个学习阶段，共三个阶段。自 2003—2004 学年开始，加蓬的小学教育学制缩减至 5年，但仍然分为三个阶段，具体如下：一年级为第一阶段，称为初级学习阶段；二、三年级为第二阶段，称为基础学习阶段；四、五年级为第三阶段，称为提高学习阶段。

加蓬小学教育属于义务教育，小学阶段的学业评价主要形式为口试和笔试。《16/1966 法》规定，小学毕业生获得初等基础教育学业证书，《21/2011 法》将其改称为初等教育学业证书，省去了"基础"一词。一词之差，却意味深长，被省去的单词"elementary"，兼有"简单"和"基础"之意。殖民时期，加蓬照搬法国的教育体制，法国对于初等教育的忽视反映在加蓬早期对待学业文凭的态度上。即便获得了初等基础教育学业证书的小学毕业生，仍需要参加初中入学考试才能进入中等教育阶段，这让初等基础教育学业证书更显鸡肋。因此，加蓬政府试图通过给证书更名来强调其分量：虽为初等，却不简单。[1] 根据 2013 年 4 月 19 日的《448 号规定》，持有初等教育学业证书者可进入普通中学一年级。这一规定取消了《16/1966 法》中规定的初中入学考试，初等教育学业证书成为加蓬人进入初中教育的敲门砖，更多的加蓬青少年不再止步于小学或转而去技术或职业学校，[2] 而是可以继续中学学业。

（二）学校类型和生师比

从小学学制配备的完整度来看，加蓬小学可分为两大类，一为完整的五年制小学，占全部小学数量的 73%，二为非完整学制的小学，这类小学不开设四年级及以上的高年级课程。从办学机构的性质来看，加蓬的小学可分为两大类型：公立学校和私立学校，后者可再分为教会学校和世俗私立学校，大部分的加蓬学生选择进入公立学校学习。加蓬官方已多年未提供教育机构分布数据，这对教育资源数据统计及其研究工作造成阻碍。根据 2015—2016 学年加蓬国民教育部的部分数据，加蓬有 1 666 所小学，具体包括 770 所公立小学、525 所世俗私立小学、226 所天主教小学、93 所新教小学、

[1] NDZEDI F. De la liberté de l'enseignant gabonais au secondaire. Pour une éthique de la responsabilité en milieu scolaire[D]. Québec: Université Laval, 2018: 47.

[2]《16/1966 法》规定，未获得初等教育学业证书的学生，可以就读于技术或职业学校。

40 所基督教会联合小学、6 所伊斯兰小学、6 所特殊学校。[1] 而关于教育机构学区分布情况、教室及班级数量，目前仅有 2000—2001 学年数据（见表 5.1）。[2] 在费用方面，2020 年，公立小学的注册费为 5 000 西非法郎；而私立学校的费用则较高，每年每生约缴纳 50 万—150 万西非法郎。[3]

表 5.1 2000—2001 学年加蓬小学教育机构情况

学校种类	学区 / 个	学校数量 / 所	教室数量 / 间	班级数量 / 个
公立	19	700	3 762	4 869
教会 （天主教）	14	223	1 032	1 387
教会 （新教）	10	136	477	734
世俗私立	—[4]	139	988	—

2004 年，全国共计小学生 281 528 名，任课教师 4 779 名，生师比平均为 58.9∶1，但这一平均数掩盖了加蓬严重的城乡差异，较为发达的城市地区，生师比高达 80∶1 甚至 100∶1。[5] 2004—2005 学年，加蓬全国共计 1 396 所小学，但全国仅有 2% 的学校拥有超过 500 名在校学生，34% 的学校学生人数少于 50 人。但在城市地区的小学中，超过 25% 的学校在校人数超过 500 人，仅约 14% 的学校在校人数少于 50 人。从全国而言，67.4% 的学生在城市地区。加蓬各类型小学的生师比以及各省小学的班级平均人数

---

[1] 资料来源于新加蓬官网。

[2] MEFANE B. Plan d'action national éducation pour tous[R]. Libreville: Ministère de l'Éducation nationale, 2002: 20.

[3] 资料来源于新加蓬官网。

[4] "—" 表示未采集此项数据。

[5] Unesco-Bie. Données mondiales de l'éducation 2010-2011 Gabon[R]. Paris: UNESCO, 2011.

见表 5.2[1] 和表 5.3[2]。

表 5.2 2000—2001 学年加蓬不同类型小学的生师比

学校种类	学生人数	生师比
公立	245 560	69.23：1
教会（天主教）	40 784	59.63：1
教会（新教）	17 537	46.64：1
世俗私立	24 029	—

表 5.3 2000—2001 学年加蓬各省小学班级平均人数

省份	学生人数	教室数量 / 个	班均人数
河口省	88 420	1 350	66
上奥果韦省	26 119	402	65
中奥果韦省	6 903	183	38
恩古涅省	12 929	315	41
尼扬加省	8 064	239	34
奥果韦－伊温多省	10 959	232	47
奥果韦－洛洛省	9 547	231	41
滨海奥果韦省	21 961	257	85
沃勒－恩特姆省	20 548	601	34
总计	205 450	3 810	54

[1] Unesco-Bie. Données mondiales de l'éducation 2010-2011 Gabon[R]. Paris: UNESCO, 2011.

[2] MEFANE B. Plan d'action national éducation pour tous[R]. Libreville: Ministère de l'Éducation nationale, 2002: 22.

（三）小学教育普及程度

独立以来，加蓬的小学教育逐渐普及。2008 年，小学毛入学率达到 130.5%，其中，男生毛入学率为 132.9%，女生毛入学率为 128.2%。国民净入学率 96%，其中，男生净入学率为 96.2%，女生净入学率为 95.7%。[1] 2018 年，小学教育普及率几乎达到 100%，扫盲率接近 90%，男女学生比例基本持平，加蓬成为非洲少数几个男女小学生比例平衡的国家之一。[2]

表面上看，加蓬全民普及小学教育的目标已经实现，但高百分比数据的背后掩藏着一系列严重的问题，其中，最突出的便是不及格率高。加蓬小学生各科目的平均不及格率为 38%，其中，男生不及格率为 38.5%，女生不及格率为 37.6%。初等教育学业证书的获得率仅为 57.4%，在初中入学考试尚未取消前，该考试通过率仅为 53%，这从侧面反映了小学教育质量的不尽如人意。[3] 与此同时，加蓬小学生的辍学情况较普遍，辍学率达 3%，其中，男生辍学率为 2.9%，女生辍学率为 3.1%。[4]

二、普通中等教育

加蓬的普通中等教育主要针对 12—18 岁的青少年。教学改革之后，无需参加初中入学考试，学生持初等教育学业证书即可进入中学，这进一步普及了加蓬的中等教育。中等教育学制一般是 7 年，分为初中和高中两大阶段。

加蓬的中学按性质可分为三大类。第一类为普通公立中学，绝大部分

---

[1] 资料来源于加蓬规划部数据统计局官网。

[2] 资料来源于梅·穆西尼（Mays Mouissi）网站。

[3] 资料来源于加蓬国民教育部国家考试中心官网。

[4] Ministère de l'Éducation nationale. Bulletin d'analyse statistique[R]. Libreville: Ministère de l'Éducation nationale, 2009: 13-14.

普通公立中学集中在首都，加蓬的高中以这类学校为主，比较有名的普通公立中学有莱昂·姆巴高中、贝肖初中、奥马尔·邦戈国际科技高中、奥马尔·邦戈国际科技教育初中。第二类是普通私立学校，包括教会学校和世俗私立学校。第三类是国际学校，国际学校的教学内容中增加了国际课程，学生毕业获得国际文凭，比较有名的国际学校有布莱兹·帕斯卡尔高中。公立和私立学校都必须按照国家的中学教学大纲设置课程和组织授课，但国际中学无需严格遵守国家的大纲要求。

（一）普通初中教育

中等教育的第一阶段即初中，学制为 4 年。各年级的名称与法国中学体系的名称相同，分别以第 6 级、第 5 级、第 4 级和第 3 级的倒数方式表述，为行文方便且与中国普通初中教育相对应，在本书中分别以初一、初二、初三和初四年级对应。根据《21/2011 法》，中学教育的开展机构为初级中学和高级中学，初一年级招收持有初等教育学业证书的学生。经过四年时间的学习，学生通过考试可获得初中学业证书。除了接受普通初中教育之外，学生可以在初二年级末选择接受职业教育 [1]，或在初四年级末选择接受技术教育 [2]。

初中阶段的学习科目包括法语、数学、历史、地理、道德（公民教育）、外语 1（英语）、外语 2（西班牙语）、物理、地球和生命科学、体育、手工、劳动、音乐、美术。除了后四项为选修课外，其余课程都为必修课。各门课程的课时和课程学分系数各不相同，加蓬根据课程重要性对应划分

---

[1] 职业教育分为四个等级，分别对应普通中等教育的初三、初四、高一和高二，职业教育的学生可以获得职业能力证书（Certificat d'aptitude professionnelle）或职业学业证明（Brevet d'études professionnelles），颁发第二类证书的职业教育通常采用校企合作的模式，从而使人才培养符合企业和社会的实际需求。

[2] 技术教育分为三个等级，对应普通中等教育的高一、高二和高三，接受这一教育的学生可参加技术类高中毕业会考，通过考试后可以进入高等教育阶段继续学业。

出 1—6 个课程学分系数，系数的高低影响相关课程每周课时量。理科类课程（数学、物理、地球和生命科学）和语言类课程（法语和其他外语）各设定了 2—6 个课程学分系数，而其他课程为 1—2 个课程学分系数（见表5.4）。在初三和初四阶段，各学校可以自行选择传统教学课程或现代教学课程，主要差别在于现代教学课程的方案中取消了拉丁语课程（见表5.5）。[1]

表 5.4 加蓬普通中学初中阶段课程设置（初一和初二）

科目	初一		初二	
	课时	课程学分系数	课时	课程学分系数
法语	6	6	6	6
数学	5	6	5	6
历史	1	1	1	1
地理	1	1	1	1
道德（公民教育）	1	1	1	1
外语1（英语）	3	3	3	3
物理	3	3	3	3
地球和生命科学	3	3	3	3
体育	2	2	2	2
手工	2	2	2	2
劳动	2	2	2	2
音乐	1	1	1	1
美术	1	1	1	1

---

[1] 见加蓬国民教育部 1992 年《0024 号规定》"关于普通中等教育初级阶段的课时修改方案"。

表 5.5 加蓬普通中学初中阶段课程设置（初三和初四）

科目	初三（现代）		初三（传统）		初四（现代）		初四（传统）	
	课时	课程学分系数	课时	课程学分系数	课时	课程学分系数	课时	课程学分系数
法语	6	6	6	6	6	6	6	6
拉丁语	—	—	3	2	—	—	3	2
数学	5	6	5	6	5	6	5	6
历史	1	1	1	1	1	1	1	1
地理	1	1	1	1	1	1	1	1
道德（公民教育）	1	1	1	1	1	1	1	1
外语1（英语）	3	3	3	3	3	3	3	3
外语2（西班牙语）	3	2	3	2	3	2	3	2
物理	2	3	2	3	3	3	3	2
地球和生命科学	2	3	2	3	3	3	3	2
体育	2	2	2	2	2	2	2	2
手工	2	2	2	2	1	2	1	2
劳动	1	1	1	1	1	1	1	1
音乐	1	1	1	1	1	1	1	1
美术	1	1	1	1	1	1	1	1

（二）普通高中教育

1. 高中学制和类型

中等教育第二阶段为高中，学制 3 年，和法国中学体系类似，以第 2 级、第 1 级和毕业班的倒数方式和专有名词方式表述。为行文方便且与中国普通高中教育相对应，本书以高一、高二和高三表述。加蓬《21/2011 法》

规定，高级中学为开展中等教育第二阶段的教育机构，招收获得初中学业证书的学生，学生完成三年的学习之后，参加高中毕业会考。参加高中毕业会考是加蓬学生进入高等教育阶段的主要途径。

按照入学条件区分，加蓬有两类特殊的高中，即理科高中和国立精英高中。《21/2011 法》规定，理科高中的招生对象为持有初中学业证书且初中数学、物理等理科科目成绩至少达到 12 分 [1] 的学生，理科高中的学生完成三年的学习后，参加技术类高中毕业会考。《21/2011 法》规定，国立精英高中的招生对象为具有初中学业证书且理科成绩至少达到 14 分的学生，国立精英高中的学生完成三年的学习后，参加高中毕业会考。这两类学校数量很少，主要集中在首都利伯维尔。这种精英教育并非主流，在大部分的加蓬学校中，优生和差生混合班教学是常态，这有助于营造平等的教学氛围，增加学生间的交流机会。

2. 高中分科制度

加蓬的普通中等教育和技术教育都在高中阶段开始实行分科，根据学生初中阶段的考试成绩，高一初步区分为理科与文学和经济科。如果学生的年度成绩中理科（数学、地球和生命科学、物理）成绩较好，则建议选择理科；如果学生的文科（英语、西班牙语、道德、地理和历史）成绩较好，则建议选择文学和经济科。高一结束时，将进行更细致的分科，学生从高二开始，将分成 A1 科（现代文学、法国文学、哲学）、A2 科（外语）、A3 科 [2]（艺术和交流）、B 科（经济）和 S 科（理科）。数学、经济和社会学科成绩较好的学生进入经济科，其他文科科目成绩较好的学生进入文学科，理科

---

[1] 加蓬学校评分制度沿用法国评分体系，20 分为满分，10 分及格。

[2] 文学科 A3 科由加蓬国民教育部于 2005 年设立，主要培养艺术和工业设计人才，仅在几个中学进行试点，经过了 3 年的试验期，效果不佳，目前基本处于停滞状态，数据较少，故不在本文中展开介绍。

成绩好的学生进入理科。至高三时，理科内部会继续细分为偏物理的 C 科和偏生物的 D 科，因此，所有分科总计六种。

高中阶段的大部分科目设置与初中阶段保持一致，但有两大不同。一是高中阶段的课程并非像初中课程一样仅在课程学分系数和课时上存在差异，高中阶段对课程性质进行了明确规定，划分必修、方向必修和选修三大类。二是高中阶段增加了一些课程。例如，在高一年级，文学和经济科、理科中都增加了经济学和社会学的入门课，该课程的学分系数大，课时较多；在高二年级，文学科、经济科和理科中都加入了哲学课程，而经济学和社会学课程则只针对经济科的学生。从高三年级开始，物理、地球和生命科学等课程不再作为文学科或经济科学生的必修课，在高三时，文学科的法语和哲学课程课时较多，而理科的物理、地球和生命科学、数学课时较多。高中各年级部分分科方向课程设置见表 5.6、表 5.7 和表 5.8。[1]

表 5.6 加蓬普通中学高一课程设置

科目		文学和经济科		理科	
		课时	课程学分系数	课时	课程学分系数
必修科目	法语	6	5	6	5
	数学	4	3	5	7
	历史	1.5	1.5	1	1
	地理	1.5	1.5	1	1
	外语1（英语）	3	3	3	3
	经济学和社会学	4	3	2	2
	物理	2	3	5	6
	地球和生命科学	2	2	2	3
	体育	2	2	2	2

---

[1] 参见加蓬国民教育部 1992 年《0024 号规定》中"关于普通中等教育高中阶段的课时修改方案"。

续表

科目		文学和经济科		理科	
		课时	课程学分系数	课时	课程学分系数
方向必修	外语2	2	2	1	2
	拉丁文	1	1	1	1
	管理和信息技术	1	1	1	1
	科技	1	1	1	1
选修	外语3	3	3	—	—
	造型艺术和音乐	3	3	3	3
	加蓬艺术和传统	3	3	3	3
	农业入门	3	3	3	3

表5.7 加蓬普通中学高二课程设置

科目		A1科		A2科		B科		S科	
		课时	课程学分系数	课时	课程学分系数	课时	课程学分系数	课时	课程学分系数
必修科目	法语	6	5	6	5	5	5	4	3
	哲学	3	3	3	3	2	2	2	2
	数学	6	4	3	2	6	4	7	5
	历史	1.5	1.5	1.5	1.5	1.5	1.5	1.5	1.5
	地理	1.5	1.5	1.5	1.5	1.5	1.5	1.5	1.5
	外语1（英语）	3	3	3	4	3	3	3	2
	物理	2	2	2	2	2	2	6	4
	地球和生命科学	2	2	2	2	2	2	3	3
	经济学和社会学	—	—	—	—	4	4	—	—
	体育	2	2	2	2	2	2	2	2
方向必修（主要A2科）	外语2	3	3	3	3	3	3	—	—
	外语3	—	—	3	3	—	—	—	—

续表

科目		A1 科		A2 科		B 科		S 科	
		课时	课程学分系数	课时	课程学分系数	课时	课程学分系数	课时	课程学分系数
选修	经济学和社会学	2	2	—	—	—	—	—	—
	拉丁文或希腊语	—	—	—	—	—	—	3	3
	外语 2	—	—	—	—	—	—	3	3

表 5.8 加蓬普通中学高三课程设置

科目		A1 科		A2 科		B 科		C 科		D 科	
		课时	课程学分系数	课时	课程学分系数	课时	课程学分系数	课时	课程学分系数	课时	课程学分系数
必修科目	法语	6	5	6	5	4	4	4	3	4	3
	哲学	8	5	8	5	5	3	3	2	3	3
	数学	5	4	2	2	5	3	9	5	6	4
	历史	1.5	1.5	1.5	1.5	1.5	1.5	1.5	1	1	1
	地理	1.5	1.5	1.5	1.5	1.5	1.5	1.5	1	1	1
	外语 1（英语）	3	3	3	4	3	3	2	2	2	2
	物理	—	—	—	—	—	—	6	5	5	4
	地球和生命科学	—	—	—	—	—	—	2	2	5	4
	经济学和社会学	—	—	—	—	5	4	—	—	—	—
	体育	2	2	2	2	2	2	2	2	2	2
方向必修（主要 A2 科）	外语 2	3	3	3	3	3	3	—	—	—	—
	外语 3	3	3	3	3	3	3	—	—	—	—
	拉丁语或希腊语	3	3	3	3	3	3	—	—	—	—

续表

科目		A1科		A2科		B科		C科		D科	
		课时	课程学分系数	课时	课程学分系数	课时	课程学分系数	课时	课程学分系数	课时	课程学分系数
选修	美术	2	1	2	1	2	1	2	1	2	1
	音乐	2	1	2	1	2	1	2	1	2	1
	劳动	2	1	2	1	2	1	2	1	2	1
	拉丁语或希腊语	2	1	2	1	2	1	2	1	2	1

3. 高中毕业会考及其分类

2013 年 4 月 19 日，加蓬国民教育部《450 号规定》确定了加蓬高中毕业会考的备考、组织和证书颁发办法。高中毕业会考文凭是普通中等教育、中等技术教育和中等职业教育结束后颁发的国家文凭，标志着顺利完成中学阶段学业，具备该文凭是进入高等教育的必要条件。根据教育类型，高中毕业会考文凭分为普通教育类、技术类和职业类三种。

普通教育类高中毕业会考文凭包括文学和艺术、经济和社会、科学三个类别。

技术类高中毕业会考文凭要求文凭持有者掌握必要的理工科知识和技能，包括六个类别：工业技术和科学、可持续发展工业技术和科学、实验技术和科学、健康技术和科学、管理技术和科学、工程师技术和科学。其中，工业技术和科学类下再分机械工程、引擎系统、能源系统、材料工程、光学五个方向；可持续发展工业技术和科学类下再分为信息和数字系统、建筑和工程、能源和环境、技术创新和生态设计四个方向；管理技术和科学类下再分沟通和人力资源管理、信息系统管理、企业会计和金融、营销学四个方向。[1]

职业类高中毕业会考文凭要求持有者具备相应的职业、技术和知识水平，一般要求中学生需要满足以下教育年限：在技术高中学习三年，或获得职业学业证书之后学习两年，或在商业职业学校学习四年。关于技术类和职业类高中毕业会考情况将在第七章具体介绍。

与小学教育的高普及率相比，加蓬中学教育的入学率表现出更为严重的城乡差异和地区不平衡。2005 年，城市地区中等教育入学率达到 56%，而农村地区仅有 28%。南部地区的入学率低于北部地区，首都利伯维尔的中学入学率最高，为 59%。[2] 根据联合国教科文组织 2019 年发布的《加蓬基础教育数据报告》，加蓬中学教育的平均普及率为 58.2%。2020 年教育部提高学费标准后，公立中学的学费为 10 000 西非法郎。中学阶段的考试以季考为主，初中学生的课程平均成绩对能否进入高中相当重要。加蓬的中学班级人数较多，有时甚至达到每班 120 人。以 2007 年为例，加蓬的 69 所中学共接纳学生 96 058 名。[3] 这一方面是因为中学基础建设相对滞后，另一方面是因为不及格率居高不下，高年级学生滞留问题严重。普通中学和职业中学的师资配比严重失衡，前者师资占总量的 92%，后者占比为 8%。[4]

第二节　基础教育的特点

加蓬的小学教育和中学教育经过几十年的发展和建设取得了突出的成

[1] EKOUMA C M. Orientation scolaire et professionnelle au Gabon: situations, contextes et enjeux[M]. Pairs: L'Harmattan, 2016: 82-83.

[2] Ministère de la Planification et de la Programmation. Document de stratégie de croissance et de réduction de la pauvreté[R]. Libreville: Ministère de la Planification et de la Programmation, 2005: 22.

[3] Unesco-Bie. Données mondiales de l'éducation 2010-2011 Gabon[R]. Paris: UNESCO, 2011: 13.

[4] Unesco-Bie. Données mondiales de l'éducation 2010-2011 Gabon[R]. Paris: UNESCO, 2011: 14.

绩，并形成其特点，其特点主要体现为男女生入学率均衡、教育质量提高、本土文化融入教学内容三个方面，下文将就这三个特点的表现形式、形成原因及其相关经验进行分析。

一、男女生入学率均衡

加蓬基础教育阶段的男生和女生的净入学率基本持平。根据 2012 年世界人口和健康调查数据显示，加蓬男生的小学净入学率为 95.5%，女生为 97.2%，[1] 可以说，加蓬的小学基础教育已经实现了性别平等。根据 2012 年世界银行的统计数据，加蓬小学中女生与男生的人数比为 97.1∶100，到中学阶段，这一比例升至 110∶100。2015 年，中学阶段的女生与男生人数比甚至上升到 125∶100，女生数量稍多。[2]

加蓬基础教育阶段男女比例的平衡得益于国家长期以来在就业和社会环境中营造的男女平等氛围。加蓬《劳动法》为破除性别歧视、保障女性工作权益提供了法律层面的保护，《劳动法》明确规定，所有劳动者在法律面前一律平等，劳动者享受同等的权益保障，禁止一切因种族、肤色、性别、宗教、政治立场、出身和社会背景造成的在就业和工作环境方面的歧视。除《劳动法》外，加蓬的《选举法》也明确提及男女平等，《选举法》规定，加蓬公民，无论男女都必须被列入选区的选民名单，拥有选举权。

加蓬有半数以上的妇女就业。许多加蓬女性在企业和政府机关身居要职。1998 年，国民议会中仅有 10.84% 的席位为女性，而到了 2013 年，该比

---

[1] MÉFÉ J P Z, OBAME J-N B, MVÉ D E, et al. Enquête démographique et de santé 2012[R]. Libreville: Direction Générale de la Statistique, 2012.

[2] 资料来源于世界银行官网。

例升到 17.4%，近四分之一的部长为女性。[1] 例如，现任加蓬总理罗丝·克里斯蒂亚娜·奥苏卡·拉蓬达 [2] 便是加蓬历史上第一位女性总理；女性官员在这一届加蓬政府中的比例也相当高，约占 34%。[3] 现任加蓬议会参议长吕西·米勒布·奥比苏、现任加蓬宪法法院院长玛丽–玛德莱娜·姆博朗苏奥、前任加蓬议会参议长罗斯·弗朗辛·罗贡贝夫人等都是杰出女性的代表，这些典范鼓舞了加蓬女性通过教育改变命运的决心。

二、小学教育质量稳步提升

对加蓬小学教育质量的分析不仅需要在纵向时间轴上做出评价，即将现在的教育质量与独立之初的境况做比较，还需要横向与非洲其他国家进行比较。由法语国家教育部长会议（Conférence des ministres de l'Éducation des États et gouvernements de la Francophonie，以下简称为 CONFEMEN）主持的法语国家联盟教育系统分析项目（Programme d'Analyse des Systèmes Educatifs de la CONFEMEN，以下简称为 PASEC）是世界三大地区性的学生评价项目之一。[4] 该项目旨在通过调查和比较西非和北非讲法语的非洲国家二年级和五年级学生的学业成绩及其影响因素，探索有效的教学方法。

早在 2005—2006 学年，PASEC 就对加蓬的小学教育进行过一次综合和深入的分析，肯定了加蓬在小学教育方面取得的成绩。报告指出，加蓬是

---

[1] ROGOMBE R F. Allocution à l'occasion du séminaire régional des parlements africains francophones sur le thème « Parlements sensibles au genre » [R]. Libreville: Union interparlementaire (UIP) & le Parlement du Gabon, 2013.

[2] 生于 1964 年，曾任加蓬预算部部长、利伯维尔市长、国防部部长。2020 年 7 月 16 日起担任加蓬总理。

[3] 张黎. 奥苏卡：临危受命的加蓬首位女性总理 [EB/OL]. [2022-08-15]. http://www.cnwomen.com.cn/2020/09/02/99207763.html.

[4] 其他两个分别是南非东非教育质量监控联盟（The Southern et Eastern Africa Consortium for Monitoring Educational Quality，简称为 SACMEQ）和拉丁美洲教育质量评价实验室（Latin American Laboratory for Assessment of the Quality of Education，简称为 LLECE）。

参与观察的非洲国家中学生成绩最好的国家之一。[1] 2019 年，CONFEMEN
评估了 14 个撒哈拉以南法语地区和国家的小学法语阅读和数学成绩，对教
育质量做了一次全面和深入的分析。这 14 个国家分别为加蓬、贝宁、布基
纳法索、布隆迪、喀麦隆、刚果（金）、刚果（布）、科特迪瓦、几内亚、
马达加斯加、尼日尔、塞内加尔、乍得和多哥，这 14 个国家的小学生法语
阅读和数学测试结果见表 5.9 和表 5.10。[2]

表 5.9 2019 年 PASEC 小学生法语阅读水平测试情况 [3]

国家	法语阅读及格率	达到 4 级的学生比例
加蓬	93.4%	76.3%
贝宁	75.0%	45.5%
布基纳法索	66.7%	33.0%
布隆迪	28.2%	4.5%
喀麦隆	53.6%	30.2%
刚果（金）	27.1%	9.2%
刚果（布）	58.4%	33.6%
科特迪瓦	40.4%	22.0%
几内亚	44.7%	22.2%
马达加斯加	17.5%	6.3%
尼日尔	30.0%	14.4%

---

[1] ADC L, LOUEMBET-ONGUÉLÉ C, MANFOUMBI M O, et al. Évaluation diagnostique PASEC Gabon 2005/2006[R]. Dakar: PASEC, 2008.

[2] HOUNKPODOTE H, DIALLO L, TANKEU B, et al. PASEC 2019, qualité des systèmes éducatifs en Afrique subsaharienne francophone[R]. Dakar: PASEC, 2020.

[3] 法语阅读水平测试结果分为 5 个级别，分别为次 1 级、1 级、2 级、3 级和 4 级，其中，3 级为及格，4 级为最高级。3 级的要求是学生能够从文章段落中组合信息，在叙述文或说明文中找到关联信息，通过查找关联词提炼段落大意，能够在较长篇幅的文章中定位信息等。

国家	法语阅读及格率	达到 4 级的学生比例
塞内加尔	74.7%	41.1%
乍得	22.1%	7.6%
多哥	38.9%	19.4%

表 5.10 2019 年 PASEC 小学生数学水平测试情况 [1]

国家	数学及格率	达到 3 级的学生比例
加蓬	66.7%	22.9%
贝宁	51.6%	19.1%
布基纳法索	62.5%	25.0%
布隆迪	60.9%	18.0%
喀麦隆	32.9%	11.1%
刚果（金）	18.4%	3.2%
刚果（布）	33.4%	7.7%
科特迪瓦	14.6%	2.6%
几内亚	32.4%	6.8%
马达加斯加	21.6%	6.3%
尼日尔	22.5%	7.9%
塞内加尔	65.0%	27.2%
乍得	11.5%	1.8%
多哥	37.0%	15.9%

[1] 数学水平测试分为 4 个级别，分别为次 1 级、1 级、2 级和 3 级，其中，2 级为及格，3 级为最高级。2 级的要求是学生能够通过认识、应用、解决三个步骤做出简单的数学题，能够做简单的小数和分数运算，解决一些简单的应用题，掌握百分比的概念，能够解决单一运算的数学应用题；能够看懂时间，能够进行单位换算；能够看懂三角形、平行线等简单几何图形，能够计算简单图形的周长和面积。

在参加评估的 14 个国家中，仅有加蓬、贝宁、布基纳法索、喀麦隆、刚果（布）、塞内加尔 6 个国家的学生法语阅读成绩及格人数超过半数。而加蓬的及格率和达到 4 级阅读水平的学生比例都是最高的。但需要说明的是，加蓬把法语作为官方语言，接近九成的学生在学校内外都用法语交流；而在其他一些国家，法语并非官方语言，例如，布隆迪直到四年级才正式开设法语课，因此 PASEC 的法语阅读水平测试成绩可能无法完全体现该国的教学水平和教育发展程度。

在数学科目上，加蓬、贝宁、布基纳法索、布隆迪、塞内加尔 5 个国家的及格人数过半，加蓬及格率位列第一，达到 3 级的学生比例位列第三。当然，从学科关联度看，PASEC 的数学考试语言为法语，而加蓬长期将法语作为教学语言在该测评中体现出了一定的优势。

三、教学计划和培养方案日益本土化

教学计划和培养方案的设定对基础教育阶段学生的人生观、世界观和价值观的形成意义重大，影响着国家的未来发展。独立之初，加蓬的教育体系几乎照搬殖民时期的法国模式，20 世纪 60—70 年代，加蓬着手修改教学计划和培养方案，特别是修改法语和法国文学课程相关内容，这体现出加蓬渴望摆脱殖民教育体系、彰显本土文化特色的意愿。在过去的加蓬，熟练掌握法语是社会地位和受教育程度高的象征，这种思维模式意味着对非洲价值和文化的遗忘，是殖民异化在新时代的存续。[1]

加蓬的策略是虽以法语为工具提高全国教育质量，但在学科内容中增加非洲和本国的本土元素，以回归自身文化和历史，学科内容的变革首先

---

[1] OGDEN J. The Africanization of the curriculum in Gabon[J]. The French review, 1982, 6(4) : 855.

体现在法语和文学课程中。1963 年，加蓬国家教育研究院的一份资料指出了这一变革需求："非洲大陆国家和地区及马达加斯加的初中和高中的法语和法国文学教学与法国自身的法语和文学教学不同……照搬法国模式是错误的"。[1] 该研究建议加大母语非法语的学生（主要指非洲大陆国家和地区及马达加斯加的学生）的法语课课时量，而在文学课方面，建议初一的学生应该从阅读非洲作家用法语写作的文本开始。

1967 年，非洲各国在科特迪瓦的阿比让召开教育部长会议，建议使用第二外语教学法在中学开展法语教学，并在法国和其他国家和地区文学的相关课程中引入非洲本土文学文本。教育部长会议要求，非洲大陆国家和地区及马达加斯加教育发展大学联合会制定切实有效的教学改革方案。该改革方案提出，利用文学课本以及其他资料构建新的文学教育体系。1973 年，为实施这一改革方案，非洲大陆国家和地区及马达加斯加教育发展大学联合会出版教材《高一法语文学课本》。该教材围绕"欧洲法语国家眼中的自身""关于奴隶制和殖民事实的讨论"等文学主题展开，由此可见教材设计者独立于法国社会和文学的角度和视野。

1974 年，加蓬正式采纳非洲国家和地区及马达加斯加教育发展大学联合会的这份报告，这是加蓬第一次正式开展语言和文学教育培养计划本土化改革。当时的加蓬总统邦戈是这样表述改革理念的：

> 众所周知，加蓬文化有双重文化基层。其一是对知识的认知和对个体的哲学思考……它们全然是非洲性的；其二是来源于科学和机械体系的技术概念，这是我们与外界发生关联的方式……我认为能带来各个层面的完善和发展的是文化和科技的结合，而非为外来价值削足

---

[1] Institut pédagogique national. Arrêté N° 262/MENRS-IPN-DE2 du 19/12/1974 fixant les programmes de français dans les classes du second cycle du second degré de la République Gabonaise[R]. Libreveille: Ministère de l'Éducation nationale, 1974.

适履地断裂自身……意识到这一点，回归真正的非洲价值才能防止我们的精英失去自我的特质。[1]

1974 年，加蓬国家教育研究院将众多非洲文学文本汇编成册，用于教学。可惜的是，加蓬学生认为非洲国家和地区及马达加斯加教育发展大学联合会的培养方案过于激进，他们担心激进的培养方案影响自身未来留学法国的打算，因而此次改革在加蓬并未实施多久就被放弃了，这些汇编的非洲文学作品也没有真正进入加蓬的高中课堂。

1978 年，加蓬开始实行更为温和的改革方案。这一次改革构成了加蓬语言和文学课程改革的新阶段，取消当年非洲国家和地区及马达加斯加教育发展大学联合会制定的文学主题硬性规定，赋予教师更大的教材和教学方式自主选择权。在初中四年的教学中，教师可以自由选择非洲、法国或其他国家和地区作家的作品。课程方案改革指导委员会针对语法课也推荐了一些教材。在这些教材中，法语被视作一种国际交流语言的同时，也视作一种非洲语言，这一轮改革去除了传统法语教学中的标准性和规范性要求，同时增加了有非洲孩子的插图和关于非洲的词汇与文化介绍。

1978 年，加蓬出版了《加蓬文学全集》，旨在向学生介绍加蓬的口头和书面文学传统；1981 年，又出版了《加蓬故事集》，将其应用于加蓬初一的法语和文学课堂。在高中阶段，课程改革的重点依然在语言教学上，从高二开始，学生需要学习法国和非洲的经典文本，教师需要对法国和非洲文学的学习比重做出平衡。加蓬国家教育研究院也编写了文学教材，卡马拉·拉伊[2]、奇努阿·阿奇贝[3] 等非洲作家的作品被纳入其中。

---

[1] Institut pédagogique national. Arrêté N° 262/MENRS-IPN-DE2 du 19/12/1974 fixant les programmes de français dans les classes du second cycle du second degré de la République Gabonaise[R]. Libreville: Ministère de l'Éducation nationale, 1974.

[2] 卡马拉·拉伊，出生于几内亚，被视为当代非洲文学先驱，代表作有《非洲孩子》《国王的光辉》等。

[3] 奇努阿·阿奇贝，尼日利亚小说家、诗人和文学评论家，代表作为《瓦解》。

除了法语和文学课堂外，体现非洲本土化教学改革的课程还有历史课和地理课。在加蓬，非洲地理课开设在初一至初四阶段，国家地理课开设在高一阶段，使用的教材均符合1967年召开的教育部长会议精神。非洲历史课开设在初一至初四阶段，课程内容囊括了非洲和欧洲历史，有两本常见教材，一是《历史》，另一个是《历史：非洲和马达加斯加》。从高一开始，历史课以更为深入的方式重新回顾非洲历史，高二和高三的历史课涉及二战，基本同步使用法国的历史课本。关于加蓬本国的历史课从高一开始设置，学习重点主要是19世纪和20世纪的本国史。

此外，加蓬其他课程也体现其教育本土化的努力。加蓬在高三年级加入哲学课程，加蓬国家教育研究院编写了两套适合本土教学的哲学课本，以期展示非洲本土哲学思想，一是关于非洲民间传说的介绍，另一是关于非洲哲学的文论。生物、地质和环境相关课程也着眼于非洲本土的环境情况。

在加蓬基础教育本土化特征形成过程中，改革并非一帆风顺，总结其经验能发现，影响本土化改革的因素主要有以下四个。

第一个因素是来自法语优势地位的阻碍。加蓬近5%的人口为法国人，他们聚居于大城市，很大一部分人为教师，主要教授数学、科学和法语课，不可避免地带入法国本土的教育经验和教育思维。对于很多法国教员而言，非洲文学可能只是法国文学一个"微不足道"的脚注、是法语文学的边缘地带。教师有意或无意识的文化观点和文学态度会在很大程度上影响教学改革的成效和学生的文学观和世界观。国家教育研究院的法国顾问也常常把法国的课程嫁接至加蓬的文化环境中，有些课程甚至在法国还未完全接受，就被直接引入加蓬。

第二个影响本土化课程改革的因素是加蓬自身师资短缺。加蓬许多优秀的大学毕业生因为薪资的原因选择在政府或大企业、大工厂工作，这造成教育行业本土优秀师资不足的情况。

第三个影响本土化课程改革的因素是加蓬毕业会考制度与法国毕业会

考制度的无缝对接。无论是生活在加蓬的法国学生，还是加蓬本土的学生，但凡他们想去法国大学深造，都希望加蓬的课程设置不要过度偏离法国教育体系，以免影响其被录取的机会。

第四个影响本土化课程改革的因素是教材和教具的短缺，这已成为阻碍教学发展的重要问题。课程改革从理论到实践是一个漫长的过程，需要投入大量的资金。课程改革总是需要新的书本，当资金短缺时，除了首都利伯维尔的一两所中学外，加蓬大多数学校只能继续使用原有教材，教材迭代困难重重，教学内容没有改变。

加蓬的课程本土化改革走出了介于法国模式和非洲国家和地区及马达加斯加教育发展大学联合会提出模式之间的一条中间路线，秉持着文化多样性的理念，试图在欧洲技术文明和非洲文化价值观之间找到平衡。由于加蓬经济实力的提升，与非洲其他国家相比，加蓬的教育本土化改革走在前列。正如加蓬《教学和培养方案指导意见》所指出的，"通过学习，加蓬的学生能更好地认识和欣赏自己国家独特的文化，他们将发现在历史各个时代、各个地方的人们彼此间总存在内在相似性。"[1]

---

[1] IPN. Arrêté N° 262/MENRS-IPN-DE2 du 19/12/1974 fixant les programmes de français dans les classes du second cycle du second degré de la République Gabonaise[R]. Libreveille: MEN, 1974.

第三节 基础教育的挑战和对策

一、基础教育的挑战

（一）高不及格率和高失学率

2009 年，阿里·邦戈·翁丁巴竞选总统时提出的施政纲领《未来信心》向加蓬的年轻人承诺发展"优质教育"，并分析了加蓬教育部门的问题："我们要看到加蓬教育体系的低效性，具体表现为居高不下的不及格率、从小学至高等教育阶段的高失学率以及教育与就业脱节的问题。"[1]

尽管加蓬基本实现了小学教育的全民普及，但很多学生并没有完成后续阶段的学业。加蓬的小学教育有一个重要的问题，即不及格率和失学率过高，这是小学教育效率低下的一个重要指征。

据统计，1988—1989 学年，小学不及格率平均为 39.74%，1994—1995学年为 38.91%，1995—1996 学年为 34.85%，1996—1997 学年为 34.48%。其中，1994—1995 年，小学不同年级的不及格率分别为：一年级，49.66%；二年级，27.87%；三年级，37.76%；四年级，29.69%；五年级，39.33%；六年级，33.92%。[2] 在失学率方面，1994 年，小学失学率为 3.5%，男生失学率为3.6%，女生失学率为 3.4%。2001 年，小学失学率为 6%。2002 年，注册学生中，能考试及格、顺利完成一年级学业的占 69.5%，仅有 22.9% 能完成小学全部学业。[3]

---

[1] 阿里·邦戈·翁丁巴在 2007 年竞选加蓬总统时的报告《未来信心》，后收录于 2009 年加蓬民主党的《民主党总统候选人社会发展计划》中，全文可在加蓬政府网站查询到。

[2] DIKOUMBA M F. Politique nationale de la jeunesse du Gabon 2012[R]. Libreville: Présidence de la République Gabonaise, 2012: 41.

[3] MEFANE B. Plan d'action national éducation pour tous[R]. Libreville: Ministère de l'Éducation nationale, 2002: 22.

由于小学不及格率高，因此大部分小学二年级和三年级的学生实际上是复读生。2008 年，加蓬小学一年级不及格率为 50%，二年级为 30%，并有大批学生放弃学业。同样，在 2008 年的调查中，加蓬平均一个班级有 25% 的学生无法完成小学学业，只有 5% 的学生从小学一年级至五年级无不及格记录且不失学。[1]

初中入学考试取消前，根据联合国教科文组织的数据，2007 年，加蓬共有 39 079 名小学毕业生参加初中入学考试，合格率仅为 62%。[2]

中学阶段延续了小学教育的高不及格率问题。同一年级中大约仅有三分之一的学生参加初中学业证书考试，其通过率仅为 45.5%。这一问题延续至高中阶段，通过初中学业证书考试的学生中仅有一半的学生最终参加高中毕业会考。2019 年，加蓬共计 33 362 名注册初中学生，有 32 937 名学生参加初中学业证书考试，17 628 人考试合格，合格率为 53.5%，且近年来，初中学业证书考试合格率呈逐年递减趋势。以十年为计，整个中学教育阶段中，仅约 1/8 的学生能够最终通过高中毕业会考。2003—2004 学年，初四学生中约 48.6% 的学生进入高一继续学习。而在进入高中的学生中，29.1% 的学生存在考试不及格的情况，3.5% 的学生主动放弃学业，19.8% 的学生因不及格科目过多被开除。加蓬的不及格率是非洲平均水平的两倍，甚至更多。据估算，加蓬学生平均要花费 17 年才能顺利获得初中学业证书。[3]

中学阶段高辍学率对加蓬的教育事业发展和国民素质提高产生了负面影响。根据家庭和社会事务部的调查，学习不够刻苦是高辍学率的一个重要原因，加蓬辍学学生中有 89.3% 的初中生和 54.3% 的高中生都是由于这个原因终止学业。高辍学率的另一个重要原因是长期存在的高不及格率，在高中阶段，被开除的学生中有 43.1% 的是因为此前已有两次不及格经历（见

---

[1] Unesco-Bie. Données mondiales de l'éducation 2010-2011 Gabon[R]. Paris: UNESCO, 2011: 12.

[2] Unesco-Bie. Données mondiales de l'éducation 2010-2011 Gabon[R]. Paris: UNESCO, 2011: 12.

[3] IMMPNGAULT M, LAPOINTE C. Représentations sociales de la réussite scolaire dans un pays dit en voie de développement: le cas du Gabon[J]. Revue des sciences de l'éducation, 2017, 43(1): 2.

表 5.11 ）。[1]

表 5.11 2003—2004 学年加蓬中学开除学生原因 [2]

年级	不守校规	出勤率低	怀孕	两次不及格	不学习	超龄
初一	0.8%	1.5%	—	8.1%	89.4%	0.1%
初二	0.8%	2.2%	0.1%	4.9%	90.0%	2.0%
初三	1.7%	1.4%	0.1%	5.2%	89.4%	2.0%
初四	0.4%	0.7%	0.1%	8.7%	88.5%	1.5%
初中总计	0.9%	1.5%	0.08%	6.8%	89.3%	1.4%
高一	0.3%	0.5%	0.5%	5.5%	93.0%	1.4%
高二	—	—	0.4%	9.0%	88.6%	2.0%
高三	0.2%	0.4%	0.4%	85.5%	11.1%	2.2%
高中总计	0.2%	0.3%	0.4%	43.1%	54.3%	1.5%

　　基础教育阶段的高辍学率遭到了诸多教育界人士的批评，他们指责政府的教育规划没有充分考虑社会问题，特别是没有重视部分贫困家庭学生的实际困难，因为在表 5.12 中，所谓"不学习"和"两次不及格"只是教育质量低的表现形式，而非内在原因。据统计，初中阶段辍学的女生中有13% 是因为经济原因，10.2% 是由于面临怀孕生子等实际问题。高中阶段的女生中有 11.5% 的人由于经济困难无法继续学业，3% 是由于身体原因中断初中学业。[3]

　　[1] IMMONGAULT M C, LAPOINTE C. Représentations sociales de la réussite scolaire dans un pays dit en voie de développement: le cas du Gabon[J]. Revue des sciences de l'éducation, 2017, 43(1)：3.

　　[2] 本表格中，学生被开除的各项原因中有重叠情况，故最终数据总和不为 100%。

　　[3] BENGOBSAME H, NKOGO J N, BETOUE-MAVOUNGOU N-G, et al. Gabon 2000, enquête démographique et sociale[R]. Libreville: DGSEE, 2001.

（二）基础设施不足

近年来，加蓬基础教育阶段学生数量持续增长，但教室、图书馆、医务室、实验室等基础设施配置情况落后于招生规模。

2008 年，加蓬 1 278 所小学的 7 266 个教室中，2 035 个教室设施陈旧，占比 28%。每个教室容纳学生数不等，全国平均每个教室容纳 50 名学生，但在大城市，平均每个教室容纳 85 名学生，大城市甚至存在每个教室容纳 100 名学生的情况。[1] 2010 年，加蓬全国教育大会要求，在全国兴建新的学校基础设施，翻新现有基础设施。但在 2009—2019 年，真正建设的学校基础设施很少，图书馆一座也没有建成，虽然部分校舍得到了翻新，但大部分因为后期没有定期维修而再次返旧。2009—2019 年，加蓬学生数量激增，教室数量无法满足需求，离全国教育大会制定的每个教室容纳 35 人的目标有很大差距。

2012 年，邦戈总统强调："在一个 150 名学生同时上课的班级里，学生能学到什么？教师无法在一个坐满 100 名学生的教室里上课。这不可能。"[2]

（三）师资力量严重不足

师资力量不足是加蓬基础教育面临的又一个挑战。加蓬 62.5% 的教师未接受过专业培训。目前，加蓬培养小学教师的公立机构仅有两所师范学校，一所在利伯维尔，一所在弗朗斯维尔，而培养中学教师的机构也仅有两所，一所是根据 1971 年 10 月 4 日的《59/1971 法》成立的国立高等师范学校，该校成立之初预计可容纳学生 200 名，但如今在校生已超过 1 000 名。另一

---

[1] MATARI H, QUENTIN DE MONGARYAS R. Ecole primaire et secondaire au Gabon: état des lieux[M]. Paris: L'Harmattan, 2011: 12.

[2] 资料来源于梅·穆西尼（Mays Mouissi）网站。

所是技术教育高等师范学校，其培养规模也有限。尽管政府加大对师范学校的财政支持力度，帮助其扩大招生规模，但中小学师资仍然存在较大缺口。以 2004 年为例，加蓬在校小学生共计 281 538 人，小学任课教师共计 4 779 人，生师比平均高达 59∶1。[1] 加蓬部分中小学的班级生师比过高，根据 2018 年数据，小学阶段平均为 46∶1，中学阶段平均为 48∶1，这远高于中等收入国家限定的 21∶1。[2] 且加蓬大部分师资集中在大城市，农村教师数量不足。

由于教师数量不足，很多加蓬学校，特别是私立学校招聘了没有教学资质的临时教师。2001 年，加蓬中学教师中约 62.5% 的人员没有接受过任何专业教学培训，数学（77.5%）、物理（79.8%）和法语（66.7%）三门课的教师未培训情况尤为严重。2005—2006 学年，公立学校的 1 758 名教师中，只有 52.5% 为加蓬人。外籍教师占比较大，说明加蓬中学教育过度依赖外籍师资，在数学（外籍教师占 86.3%）、物理（外籍教师占 86.3%）和法语（外籍教师占 69.3%）三门课中，该情况尤为严重。[3] 2007 年 7 月，国立高等师范学院毕业的 200 名师范生中仅有数学教师 20 名，其中仅 2 人有资质教授高中课程。除了教师不足、教师缺少教学培训外，教师管理薄弱也是一个重要问题，学校对教师离岗和辞职没有限制措施。

二、基础教育的对策

教育基础设施不足、师资匮乏等因素最终导致了高不及格率，这给国家教育财政造成了巨大的压力。根据加蓬国民教育部的数据，基础教育阶

---

[1] Unesco-Bie. Données mondiales de l'éducation 2010-2011 Gabon[R]. Paris: UNESCO, 2011: 12.

[2] 资料来源于梅·穆西尼（Mays Mouissi）网站。

[3] BAH-LALYA I, YENIKOYA A. Gabon, pour une éducation de qualité accessible à tous[R]. Tunis: Association pour le Développement de l'Éducation en Afrique, 2011: 65.

段每年约有三分之一的学生为不及格生，大量的不及格生使本来就未能适应学生数量增长而不堪重负的教学机构的负担持续加重。根据国民教育部统计，每年每个不及格生大约需要花费 140 万西非法郎的教育财政预算。[1]联合国开发计划署曾对加蓬的基础教育做过细致的诊断，并列出了其需要加强的工作重点。在此基础上，本文结合加蓬政府与非洲教育发展协会合作编写的调研报告《加蓬：高质量的全民教育》，将加蓬基础教育的应对政策梳理如下。

一是招聘和培训持有高中毕业会考文凭的教师，送其至国立高等师范学院深造，开设教师工作坊和研讨班，通过多层次、多渠道和多方位的交流和培训提升教师素质，从而提高教学质量。

二是加强中学基础设施建设工作，改善教师和学生宿舍条件。

三是优化教育资源。在公立和私立学校之间开展多种形式的合作，推动私立教育机构的发展；集中社区力量，在城市近郊建设中小学，避免城市教育资源过度中心化；均衡小学毕业班的学生进入普通中学和职业或技术中学的比例，优化加蓬中等教育体系。

四是提高管理效能。适时调整行政监管力度；加强财政投入，优化财政支出比例[2]；重新恢复大型高中和初中学校，以便更有效地管理中等教育机构，进而增加小学毕业生进入中等教育机构的比例。

五是优化培养方案，着手课程改革。改革中学课程设置，使之与高等教育紧密衔接；大力发展职业技术教育，培养国家发展急需的职业和技术人才；改善中小学教材配备情况，使教学时间进一步合理化，提高教学质量。

[1] DEMBA J. L'échec scolaire et le rapport aux enseignants et enseignantes: aperçu du point de vue de jeunes du secondaire au Gabon[J]. Recherche qualitatives, 2011, 30 (1): 226.

[2] 以 2009 年为例，加蓬政府对教育的财政预算虽然达到 13.4%，但依然低于非洲平均水平（19%），从预算比例而言，加蓬对教育的支出比例低于也门、叙利亚、塞内加尔等国。就目前财政支出而言，72% 用于支付人员薪水，12% 用于社会援助，只有 16% 左右的教育经费用于提高学校硬件和软件。

第六章 高等教育

第一节 高等教育的现状

一、定义、使命和分类

2001 年 1 月 10 日出台的《021/2000 法》规定，加蓬高等教育即中学教育高中毕业会考之后的教育阶段。《021/2000 法》规定了加蓬高等教育的使命：传授知识，使学生适应科学和技术的发展，适应教学方法的发展；致力于塑造人的性格和推动科学技术的高水平发展；既满足高层次人才的发展需求，又提供基础的技术培训，促进国家社会经济的持续发展；提高教师素质；培养吃苦耐劳的精神、责任感、团队精神、公众服务意识和公民意识；培养团结精神，提高国家凝聚力；保护国家文化遗产，同时推动国际合作。

加蓬高等教育机构包括大学、学院、高等专科学院（或称精英专科学院）、技术学院等。《021/2000 法》规定加蓬的高等教育可以是公立或私立两种性质。公立高等教育为世俗教育，主要依靠国家财政支持。私立高等教育包括教会学校、工程师学校、商学院等多种形式，由高等教育部和办学主体共同管理，目前很多私立高校采取和公立高校合作的方式寻求发展。

加蓬的高等教育机构从职能角度可以分为两大类，第一类归属高等教育、研究和科技创新部[1]，这一类机构主要从事科学研究工作，培养各学科专业人才和中学教师，占高等教育机构的绝大部分，在校师生和院系数量多。另一类是高等职业教育机构，主要培养国家管理人才，如国立行政学院，或培养小学教师，如初级教育师范学院。

高等教育机构提供的教育和培训分为三大类：基本高等教育、继续教育、教师培养。

第一类基本高等教育的招生对象是通过高中毕业会考或具有同级别文凭的学生。总体而言，基本高等教育对所有达到入学条件的高中毕业生一视同仁，但部分高等教育机构会对申请学生进行筛选或组织入学考试。第二类继续教育的招生对象是已经进入职场或处于失业状态的人群，继续教育的培养方案由大学委员会确定。第三类为教师培养，主要为教师和教学研究人员提供教学法和学科知识方面的培训和教育。主要招生对象是低于A2级别的师资人员[2]和高中教师，培养方案由高等教育部在大学委员会建议的基础上制定。

二、学位学历体系

加蓬的高等教育学位和文凭体系主要参照法国体系，普通高等教育设有学士学位、硕士学位、博士学位，本科和硕士研究生阶段均分为普通型和职业型两种，对于职业型的本科和硕士研究生教育设置了相应的职业型学士和职业型硕士学位。除此以外，很多公立大学根据不同需求和不同层

---

[1] 高等教育、研究和科技创新部为相关部委协同办公后的全称，但在具体的事务管理和运行方面仍以具体的分管部委名义进行。

[2] 加蓬教师和公务员一样，采取分级制，级别由高到低分为A1、A2、B1、B2、C五大类，每一大类内部又细分为不同的级别。

次设置了短期高等教育，学制 1—3 年不等，如高级技术员证书教育、工艺学院短期教育、专业技术员文凭教育等。除了公立大学之外，加蓬还仿照法国的高等教育模式设有各类高等专科学院（或称精英专科学院），这些高校大多为私立机构，学生完成学业后可获得含金量较高的工程师文凭[1]，层次相当于硕士学位，但其培养目标更注重理论与实践的结合。

1998 年 5 月，欧盟开始实行高等教育体系一体化政策。1999 年 6 月，欧洲教育部长会议决定实施"博洛尼亚进程"[2]，修订了《博洛尼亚宣言》。2001 年 5 月，布拉格双年度评价会议回顾了"博洛尼亚进程"取得的成绩，提出了存在问题和改进措施，通过了《布拉格公告》。为了与欧盟高等教育改革同步，加蓬的大学和高等专科学校在 2007 年开始实行与欧盟统一的本—硕—博（LMD）高等教育体系。"L"即本科阶段，高中毕业会考后的 3 年高等教育学习，该阶段用"BAC+3"表示。"M"即硕士研究生教育阶段，高中毕业会考后的 5 年高等教育学习，用"BAC+5"表示。"D"即博士研究生教育阶段，高中毕业会考后的 8 年高等教育学习，用"BAC+8"表示。因而该制度也根据相应的学习年限而被称为 3-5-8 体系。[3]

加蓬建立本—硕—博高等教育体系的主要历程如下。2003 年，喀麦隆雅温得大学校长会议通过在中部非洲经济与货币共同体国家内部实行与欧盟相仿的本—硕—博高等教育体系改革的决定，促进共同体国家内部高校学生的流动和校际合作。2004 年，加蓬弗朗斯维尔大学校长会议重申在中非地区国家实行本—硕—博高等教育体系改革。2005 年，中部非洲经济与货币共同体组织通过《利伯维尔宣言》，各国首脑表达了高等教育合作

---

[1] 工程师文凭需要在通过高中毕业会考后接受 5 年的专业高等教育，为法国创立的理论与实践紧密结合的高等教育文凭种类，为加蓬沿用，因其强调实践性而深受用人单位欢迎。

[2] "博洛尼亚进程"是欧洲诸国互相衔接高等教育标准的一个项目。体系得名于 1999 年欧洲 29 个国家在意大利的博洛尼亚大学签订的《博洛尼亚宣言》。随后，该体系对所有愿意参加的欧洲国家开放。

[3] 学士学位即 Licence；硕士学位即 Master；博士学位即 Doctorat；高中毕业会考即 Baccalauréat，简写为 BAC。

的决心。2006 年，中部非洲经济与货币共同体颁布两个指导规定，其中，《01/06-UEAC-019-CM-14 号指导规定》明确了在中部非洲经济与货币共同体内部的高等教育机构实行本—硕—博高等教育体系，《02/06-UEAC-019-CM-14 号指导规定》则定义了中部非洲经济与货币共同体内部的大学教育组织方式。2007 年 10 月，加蓬颁布总统令，要求在加蓬的各大高校实行本—硕—博高等教育体系；同年 11 月，高等教育部出台法规，分别对本科、硕士研究生和博士研究生阶段的学习组织形式和文凭授予条件进行了规定。2013 年，高等教育部出台法规，在加蓬设立学术和教育委员会，并在高等教育部内设立了本—硕—博高等教育体系国家委员会。

本—硕—博高等教育体系的基础为课程单元和学分换算体系。学分是课程学习评价的基本单位，每个课程单元都有对应的学分，后者与学期的课时数和课程学习量密切相关，每学期所有课程单元的学分总数为 30。本—硕—博高等教育体系下的学年、学期及文凭类型见表 6.1。本—硕—博高等教育体系改革有效促进了加蓬高等教育机构之间的统一性，有助于非洲国家和地区的大学与欧美大学之间的课程匹配和学制对应，促进了学生、教师和科研人员的流动，推动了各个高等教育机构之间的文凭互认工作，有助于教育质量标准的制定和实施工作，在很大程度上推动了加蓬高等教育的标准化建设。

（一）本科

本科阶段学习共计 3 年 6 学期，学生需要完成 180 个学分的课程，本科三学年分别以 L1、L2 和 L3 表示。本科教育分为两大类，一类是普通本科，是为硕士学习阶段做准备的高等教育阶段，另一类为职业型本科，以就业为导向，帮助学生获得工作技能，尽快进入职场。

（二）硕士

获得学士学位的学生可以进入硕士阶段学习，硕士阶段共计 2 年 4 学期，学生需要完成 120 个学分的课程，硕士两学年以 M1 和 M2 表示。硕士教育分为两大类：一是普通硕士，为博士学习阶段做准备；二是职业型硕士，以就业为导向，帮助学生获得职业技能。

（三）博士

获得硕士学位的学生可以进入博士阶段，职业型硕士如果不愿进入职场，希望继续研究也可以申请博士学习，但需经过博士生院的同意。博士阶段学习时间一般为 3 年 6 学期（见图 6.1）。

高等教育根据培养层次分为不同阶段，并制定相应的教学目标、培养计划和评价标准。本科阶段的教学目标是提高学生的知识水平，帮助学生学习基本的工作方法；硕士研究生阶段的教学目标是进一步传授学科知识，培养科研能力，使学生能更好地适应工作岗位或继续学业；学生需要具备同一学科第一阶段的毕业文凭或同等级别文凭；博士研究生阶段为深入的专业学习，学生应具备较高的科研能力，能够产出一定的科研成果。

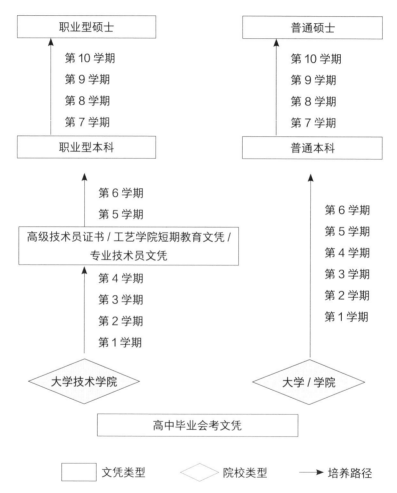

图 6.1 加蓬本—硕—博高等教育体系的学年、学期及文凭类型

三、分科和专业选择

（一）文学科（A1 和 A2 科）的专业选择

文学科（A1 和 A2 科）学生获得高中毕业会考文凭后，可以在综合性大学的文学与人文科学学院、法律与经济学院注册，或在综合性大学的技术学院注册（接受高等职业教育，获得高级技术员证书、工艺学院短期教育文凭或专业技术员文凭），还可以申请进入高等精英专科学校。该系列学生申请大学各专业的注册率如表 6.1 所示。[1]

表 6.1 加蓬文学科（A1 和 A2 科）学生的专业选择 [2]

大学专业	注册率	
	A1	A2
英语	＊＊	＊＊＊
人类学	＊＊	＊＊
法学	＊＊＊	＊＊＊
德语语言文化	＊＊	＊＊＊
伊比利亚语言文化	＊＊＊	＊＊＊
地理	＊＊	＊
历史和考古	＊＊＊	＊＊＊
现代文学	＊＊＊	＊＊＊
非洲文学	＊＊＊	＊＊＊
心理学	＊＊＊	＊＊

---

[1] EKOUMA C M. Orientation scolaire et professionnelle au Gabon: situations, contextes et enjeux[M]. Paris: L'Harmattan, 2016: 134.

[2] "＊＊＊"为较高，"＊＊"为一般，"＊"为低，"/"为无相关选择人员，下同。

续表

大学专业	注册率	
	A1	A2
语言科学	＊＊＊	＊＊＊
社会学	＊＊	＊＊
信息和传播	＊＊＊	＊＊＊
企业管理	＊＊	＊＊
商业化推广	＊＊	＊＊＊
司法事务	＊＊＊	＊＊＊
商务管理	＊＊＊	＊＊＊
企业传播	＊＊＊	＊＊＊
中小企业管理助理	＊＊	＊＊
经理助理	＊＊	＊＊
管理类计算机	/	/
国际商务	＊＊	＊
银行	/	/
保险	＊＊	＊
会计	/	/
人力资源管理	＊＊	＊＊
电子计算机	/	/
电子科学	/	/
土木工程	/	/
工业维护	/	/
电信网络	＊＊	＊＊
网络安全	/	/
工业系统电子和计算机	/	/
市场营销和管理	＊	＊
卫生和环境安全	＊	＊

（二）B 科的专业选择

B 科的学生获得高中毕业会考文凭后的可选专业更多。由于高中时多学科的学习特点，B 科的学生在高等教育阶段可以选择文学、语言、社会和人文科学、经济、管理、法律等专业，选择文学与人文科学学院和法律与经济学院的学生数量接近 B 科高中毕业会考合格学生总数的三分之一。B 科学生选择历史、地理、社会学、心理学等专业的人数也较多，这些专业需要学生同时具备一定的文科和理科知识（如数据分析知识）。近年来，也有很多 B 科学生不选择大学的文学与人文科学学院或法律与经济学院，而是选择接受短期高等教育，如高级技术员证书教育或工艺学院短期教育，这些职业类本科教育与就业需求贴合更为紧密，高级技术员证书教育的银行–金融、会计–金融–审计等专业尤其受欢迎。该系列学生申请大学各专业的注册率如表 6.2 所示。[1]

表 6.2 加蓬 B 科学生的专业选择

大学专业	注册率
英语	＊＊
人类学	＊＊
法学	＊＊＊
德语语言文化	＊＊
伊比利亚语言文化	＊＊＊
地理	＊＊
历史和考古	＊＊＊
现代文学	＊＊＊

---

[1] EKOUMA C M. Orientation scolaire et professionnelle au Gabon: situations, contextes et enjeux[M]. Paris: L'Harmattan, 2016: 134.

续表

大学专业	注册率
非洲文学	＊＊＊
心理学	＊＊＊
语言科学	＊＊＊
经济学	＊＊
社会学	＊＊
信息和传播	＊＊＊
企业管理	＊＊
商业化推广	＊＊
司法事务	＊＊＊
商务管理	＊＊＊
企业传播	＊＊＊
中小企业管理助理	＊＊
经理助理	＊＊
管理类计算机	＊
国际商务	＊＊＊
银行	/
保险	＊＊
会计	＊＊
人力资源管理	＊＊
电子计算机	/
电子科学	/
土木工程	/
工业维护	/
电信网络	/
网络安全	/
工业系统电子和计算机	/
市场营销和管理	/
卫生和环境安全	/

（三）C 和 D 科的专业选择

持有高中毕业会考文凭的 C 或 D 科学生可以选择医疗、数学、物理、生命和地球科学、计算机、化学、经济、管理、地理等本科专业。与此同时，学生也可以选择高级技术员证书教育、工艺学院短期教育或职业型本科教育[1]。像高级技术员证书教育和工艺学院短期教育之类的短期高等教育可选专业有生物分析、生物科技、化学工程、计算机工程、机械工程等。此外，学生还可以选择高等商科学校、工程师学校或者国立高等师范学院，但这些学校一般会设置入学考试，竞争比较激烈。C 和 D 科的学生申请大学各专业时的注册率如表 6.3 所示。

表 6.3 加蓬 C 和 D 科学生的专业选择

大学专业	注册率	
	C	D
英语	*	*
人类学	*	*
法学	*	* * *
德语语言文化	/	/
伊比利亚语言文化	/	/
地理	* * *	* * *
历史和考古	*	*
现代文学	* *	* *
非洲文学	* *	* *

---

[1] 职业型本科，法语为 BAC professionnel，即职业型的本科学习，学制和普通本科一样为 3 年，更注重专业学习和工作实践的结合，与高级技术员证书教育和工艺学院短期教育的学制不一样，后两者一般为 2 年。

续表

大学专业	注册率	
	C	D
心理学	＊＊	＊＊
语言科学	＊	＊
社会经济学	＊＊＊	＊＊＊
社会学	＊＊	＊＊
信息和传播	＊＊	＊＊
化学－生物	＊＊＊	＊＊＊
生物－地质	＊＊	＊＊＊
石油化工	＊＊＊	＊＊
数学－计算机	＊＊＊	＊＊
物理－化学	＊＊＊	＊＊
农业科学	＊＊＊	＊＊＊
工业维护	＊＊	＊＊
电子和自动化	＊＊＊	＊＊
土木工程	＊＊＊	＊＊
地形学	＊＊	＊＊
飞机驾驶	＊＊＊	＊＊
运输机飞行	＊＊	＊＊
空运管制	＊＊＊	＊＊
空中防御管制	＊＊＊	＊＊＊
飞机机械	＊	＊
遥控机械学	＊＊	＊＊＊
气象学	＊＊＊	＊＊＊
航空服务	＊＊＊	＊＊＊
企业行政管理	＊＊	＊＊
动物学	＊＊＊	＊＊＊

大学专业	注册率	
	C	D
信息和传播	＊	＊
商务管理	＊	＊
企业传播	＊	＊
中小企业管理助理	＊	＊
经理助理	＊	＊
管理类计算机	＊＊＊	＊＊＊
国际商务	＊	＊
银行	＊	＊
保险	＊＊	＊
会计和管理	＊＊	＊＊
人力资源管理	＊＊	＊＊
电子信息	＊＊＊	＊＊＊
电子技术	＊＊＊	＊＊＊
电信网络	＊＊＊	＊＊＊
卫生和环境安全	＊＊＊	＊＊＊＊

没有通过高中毕业会考的学生可以参加继续学习并获得大学学业入学文凭，或者接受高级技术员证书教育、工艺学院短期教育、专业技术员文凭教育等短期高等教育等。专业技术员文凭教育属于两年制的职业教育，仅有高级技术员证书而没有高中毕业会考文凭的学生不能参加公务员招聘，但可以参军、参加警员或监狱管理人员招聘，或去私营企业工作。

拥有初中学业证书或职业能力证书[1]但高中毕业会考失利的学生可以选

---

[1] 职业能力证书（certificat d'aptitude professionnelle，简称为 CAP），为中等职业教育的证书，学制 2 年，在中等教育证书和文凭体系中属于第 3 级，相当于普通中等教育高二的水平。

择学习法律能力证书课程 [1]。没有高中毕业会考文凭的学生还可以参加国家青年和体育学院的入学考试，学习体育专业。

四、学生情况

自 20 世纪 70 年代以来，加蓬的高等教育发展迅速。2003—2004 学年，加蓬共有 3 所公立大学，分别为奥马尔·邦戈大学、加蓬医科大学、马苏库科学技术大学；6 所高等专科学院，分别为国立森林和水资源管理学院、国立高等师范学院、技术教育高等师范学院、高等文秘学院 [2]、国立管理科学学院、高等科技学院。2003—2004 学年，9 所高等院校共有 10 548 名注册学生，各校具体人数见表 6.4。[3]

表 6.4　2003—2004 学年加蓬高等教育注册人数及占比

学校名称	注册学生数	占全国大学生数比例
奥马尔·邦戈大学	6 431	60.97%
加蓬医科大学	939	8.90%
马苏库科学技术大学	937	8.88%
国立森林和水资源管理学院	82	
国立高等师范学院	981	9.30%

---

[1] 法律能力证书课程是针对会考失利又对法律感兴趣的学生设置的教育内容。学生可以在大学校园或线上学习，完成学习并通过相关能力测试后可以进入本科一年级，即获得了等同于高中毕业会考文凭的水平认证。

[2] 2008 年更名为组织科学大学学院。

[3] Ministère de l'Enseignement supérieur, de la Recherche et de l'Innovation technologique. Annuaire statistique de l'Enseignement supérieur, mise à jour 2003-2004[R]. Libreville: Ministère de l'Enseignement supérieur, de la Recherche et de l'Innovation technologique, 2005.

学校名称	注册学生数	占全国大学生数比例
技术教育高等师范学院	148	1.40%
高等文秘学院	334	3.17%
国立管理科学学院	416	3.94%
高等科技学院	280	2.65%

2012—2013 学年，加蓬高等教育注册学生数为 30 719 人，约为 2003—2004 学年高等教育注册学生数的 3 倍。而到了 2017—2018 学年，加蓬高等教育阶段共有学生 38 723 名，教师 1 441 名，主要分布在利伯维尔、奥文多和弗朗斯维尔。其中，利伯维尔有学生 33 452 人，占全国高等教育学生总数的 86.4 %，教师人数 1 025 人，占全国高等教育教师总人数的 71.1%。在几所位于利伯维尔的高校中，奥马尔·邦戈大学体量最大，学生 27 852 人，教师人数 445 人。奥文多有 1 所公立大学，学生 3 305 人，占全国高校学生人数的 8.5%，教师 171 人，占全国高校教师总数的 11.9%。弗朗斯维尔有 1 所公立大学，学生 1 966 人，占全国高校学生人数的 5.1%，教师 245 人，占全国高校教师总数的 17%。[1]

加蓬高等教育机构的全国范围内核定招生能力共计 12 614 人，但实际招生 38 723 人，超员 26 109 人。高等教育部部长直言，需要建设 3 所和奥马尔·邦戈大学同等规模的高校才能满足全国现有的高等教育需求，尤其是 2017—2018 学年还有 18 000 名高中毕业生即将进入高校。高等教育承受着相当大的压力，缺口显而易见。[2]

---

[1] 资料来源于加蓬评论官网。

[2] 资料来源于加蓬评论官网。

五、公立高校

目前，加蓬共有三所公立综合性大学，分别为奥马尔·邦戈大学、马苏库科学技术大学和加蓬医科大学。加蓬沿袭了法国高等教育的模式，在综合性大学之外还设立了高等专科学院。高等专科学院的教育模式更强调专业性和实践性，但招生规模不大，基本都在一百人以内，入学的学生需要经过选拔性的考试。

（一）奥马尔·邦戈大学

奥马尔·邦戈大学成立于 1970 年，是加蓬第一所高等院校，位于首都利伯维尔。学校原名加蓬国立大学，1978 年更名为奥马尔·邦戈大学。经过多轮院系调整，时至今日，奥马尔·邦戈大学只剩下文学与人文科学学院以及法律与经济学院两个学院，以及隶属于学院的几个实验室和研究中心，如应用经济学实验室、地图制图实验室、非洲–西班牙研究中心、非洲语言美学研究中心等。该大学秉承平等教学的理念，倡导不论出身、宗教信仰和种族，对学生一视同仁。据该校官网信息，2020 年该校共有在校学生 30 000 人，教师近 500 名。[1]

1. 文学与人文科学学院

文学与人文科学学院成立于 1971 年，以文科教育为主。学院包括行政、教学、科研、技术等部门，该学院学生数量约占全校学生总数的三分之二。文学与人文科学学院有两个系 13 个专业，一为文学和语言系，设现代文学、

---

[1] 资料来源于奥马尔·邦戈大学官网。

非洲文学、英语文化研究、德语文化研究、利比里亚文化研究、语言科学 6 个专业；二为社会和人类科学系，设人类学、社会学、地理学、历史和考古、哲学、心理学、信息和传播 7 个专业。文学与人文科学学院覆盖了本科、硕士研究生、博士研究生三个培养阶段。

在高中毕业会考后，各个分科方向的学生都可以申请文学与人文科学学院，但一般 A1、A2、B 科学生在文学与人文科学学院的后续成绩更好。在入学对象的素质要求方面，以英语专业为例，学生需要具备较好的语言理解能力，较好的英语的书面和口语表达能力，热爱阅读，拥有开放的心态，能够接受和学习外国文化。在培养计划方面，英语专业本科课程包括 3 年共 6 学期的学业，学生需修满 180 学分，毕业可获得英语学士学位；尔后再完成 2 年 4 学期的学业，修满 120 学分，并通过公开论文答辩，方可获得硕士学位。英语专业毕业生一般进入学校、传媒机构、政府、国际组织、律师事务所、咨询公司等机构从事语言教学、翻译、语言工程（如软件翻译）等工作。[1]

2. 法律与经济学院

法律与经济学院成立于 1971 年，学院分为法律和经济两大系，其中，仅经济系设有博士学位授予点。持有高中毕业会考文凭的各分科学生都可申请该学院，但一般法律系更多招收 A1、A2、B 科学生，经济系更多招收 B、C、D 科学生。两个系都要求学生有良好的记忆力和求知欲，较好的分析能力和综合能力，书面和口语表达能力佳，写作能力强，思维严谨，热爱讨论和阅读，有批判意识，善于与人交流，有团队精神。

---

[1] EKOUMA C M. Orientation scolaire et professionnelle au Gabon: situations, contextes et enjeux[M]. Paris: L'Harmattan, 2016: 143-156.

法律系的本科生需完成 3 年共 6 学期的学业，修满 180 学分，毕业获得法学学士学位。本科分为普通型本科和职业型本科，后者分设社会法学和司法从业两个方向。在本科第三年，学生可选择普通型本科或职业型本科。研究生阶段开设私法和公法两个方向的普通型硕士课程，以及矿产和石油、诉讼、企业和组织法务、人权、财税、能源等方向的职业型硕士课程。普通型和职业型硕士课程的学生都需要完成 2 年 4 学期的学业，修满 120 学分，通过公开论文答辩，毕业获得硕士学位。

经济系的本科生需完成 3 年共 6 学期的学业，修满 180 学分，毕业获得经济学学士学位。本科分为普通型本科和职业型本科，后者分创业和企业发展、货币–银行–保险两个方向。在本科第三年，学生可选择普通型本科课程或职业型本科课程。研究生阶段分设普通型硕士和职业型硕士课程，普通型和职业型硕士课程的学生都需要完成 2 年 4 学期的学业，修满 120 学分，通过公开论文答辩，毕业获得硕士学位。

（二）马苏库科学技术大学

马苏库科学技术大学建立于 1986 年，是加蓬第一所科学技术大学，旨在为国家培养高层次的科学技术人才。其前身为奥马尔·邦戈大学的科学学部和利伯维尔高级工程师学院。学校隶属于高等教育部，主要招收理科类（S 科）分科的高中毕业生。加蓬政府出于平衡地区教育资源的考虑，将马苏库科学技术大学设立在距首都 500 多千米的小城弗朗斯维尔。据学校 2010 年的统计数据，在校生有 1 350 人。[1] 学校主要教学语言为法语，颁发学士和硕士学位以及工程师文凭。学院基本情况如下。

---

[1] 资料来源于马苏库科学技术大学官网。

1. 理科学院

理科学院内部按照学科特性分为两大学科群，分别为化学–生物–地质学科群和数学–物理–化学学科群。两个学科群都主要招收普通中等教育中C、D科的学生以及技术教育E科[1]学生，要求学生有求知欲，有较好的分析能力和综合能力，书面和口语表达佳，写作能力强，思维严谨，掌握数学、物理、生物和化学知识，动手能力强，有条理，热爱阅读和研究，有团队精神。

两大学科群的本科学生均需完成3年共6学期的学业，修满180学分，毕业对应获得生物、生物化学、化学–地质学、物理、数学和计算机学士学位。化学–生物–地质学科群的研究生阶段包括化学、生物化学、生物、地理科学和环境四个学科，其中化学学科分为有机化学和材料化学两个方向，生物学科分细胞生物学和人口–生态环境两个方向；数学–物理–化学学科群研究生教育包括数学和物理两个方向。学生均需要完成2年4学期的学业，修满120学分，通过公开论文答辩，毕业获得硕士学位。两个学科群都设有博士学位授予点，博士研究生学制为3年。

2. 马苏库综合理工学院

马苏库综合理工学院成立于1986年，为马苏库科学技术大学内部相对独立的一个教育机构，主要为国家培养高层次的科技人才。学生在入学第一年根据自己的职业规划选择专业，后续可以选择攻读本科学位或工程师文凭（见表6.5）。

---

[1] E、F、S、M科为加蓬职业技术教育分科方式。

表6.5 马苏库综合理工学院简介

入学要求	工程师普通教育[1]：需2年之内的高中毕业会考文凭（C、D、E或S分科），通过入学考试。
	电力和工业计算机工程：需2年之内的高中毕业会考文凭（C、D、E、F2或F3分科），通过入学考试。
	网络和电信工程：需2年之内的高中毕业会考文凭（C、D或E分科），通过入学考试。
	土木工程：需2年之内的高中毕业会考文凭（C、D、E或M1分科），通过入学考试。
	电力机械工程：处于工程师普通教育预科第二年且接受了2年大学教育，通过入学考试。
培养层次	工程师普通教育：2年预科和3年工程师教育，学制共5年获工程师文凭。
	电力和工业计算机工程、网络和电信工程、土木工程：学制2年，获工艺学院短期教育文凭。
	电力机械工程：学制5年，获工程师文凭。

3. 高等农学和生物技术学院

高等农学和生物技术学院成立于2002年，前身为马苏库科学技术大学马苏库综合理工学院的农业科技系，2010年，该系更名，成为集科研和教学于一体的研究院，拥有独立法人资格和财务自主权。其主要任务是培养农业和生物技术领域的中高级研究人才，为农业和农业加工业从业干部提供进修和终身教育的机会，为农业和农业加工业提供科研支持，开展农学和生物技术相关研究项目。

高等农学和生物技术学院所提供的学历学位教育种类包括：两年制大

---

[1] 工程师普通教育为工程师教育中历史最久的类型，学生需要经过2年预科学习，参加入学考试，顺利通过后再接受3年工程师教育，因此学制为5年，教育质量更优。

学本科教育，授予农学技术大学文凭；三年制大学本科教育，授予农业技术工程师文凭（职业型本科），该类型设有三个方向，分别为动物繁殖、农作物种植、农业经济；五年学制的农学工程师文凭教育（等同于职业型硕士层次），该类型设动物繁殖、农作物种植、农业经济三个方向；动物繁殖和农作物种植两个方向的硕士教育。

本科教育招收 C、D 类分科学生，或持有国家承认的同级别文凭的学生。工程师文凭教育招收学生需持有农业、畜牧业或农村发展专业的高级技术员证书，或持有理科类的普通高等教育大学文凭[1]，或持有国家承认的同级别文凭。所有学生均需参加入学考试。

（三）加蓬医科大学

加蓬医科大学成立于 2002 年，位于首都利伯维尔，主要培养全科医生、外科医生、牙医、药剂师等。加蓬医科大学尤其关注赤道地区国家的疾病问题，开展医学人才培养工作和科学研究。所设院系和机构包括医学院（下设医学系、临床医学系、社会医学和传统医学系），药剂学院（下设药剂学系、传统药典学系），附属医院（接受病患，同时也是临床诊断和科研的实习基地），实验室（开展医学分析、疫苗研制等工作）。

加蓬医科大学有以下四种培养类型。医学：学制 7 年，分为医学生第一阶段（1—2 年）和第二阶段（3—7 年），毕业授予医学博士学位。药剂学：学制 7 年，分为医学生第一阶段（1—2 年，基础课程与医学专业相同）和第二阶段（3—7 年），毕业授予药剂学博士学位。生物医学高级技术员：学制 3 年，毕业授予生物医学高级技术员证书。助产士：学制 3 年，毕业授予助产士国家文凭。

---

[1] 普通高等教育大学文凭（diplôme d'études universitaires générales，简称为 DEUG）教育，学制为两年，随着本—硕—博高等教育体系的建立，该类型文凭逐渐被硕士学位所取代。

在入学要求方面，医学、药剂学、生物医学高级技术员三个专业招收C、D科学生，助产士专业可招收 A1、A2、B、C、D科学生。加蓬医科大学要求报名学生有较好的记忆力、分析能力和综合能力，有求知欲，书面和口语表达能力佳，写作能力强，思维严谨，掌握数学、物理、生物和化学知识，动手能力强，有条理，热爱阅读和研究，有团队精神。

（四）国立管理科学学院

国立管理科学学院成立于 1973 年，于 1988 年进行院系重组。学校有财务自主权。国立管理科学学院位于首都利伯维尔，培养类型包括短期教育和长期教育两种，短期教育学制 3 年，培养会计和商务技术领域的中级管理人员，招生对象为持有高中毕业会考文凭的高中毕业生或有同等级文凭的人员；长期教育学制 4 年，培养高级管理人员，招生对象为持有高中毕业会考文凭的高中毕业生或有同级别文凭的人员，并设置了具有挑选性的入学考试。学业合格的学生可获得会计管理、银行和金融、会计和审计、管理–商务–市场营销、销售和广告、旅游和环境管理、组织管理等专业的高级技术员证书或职业型本科、普通型本科、普通型硕士、职业型硕士学位。

此外，国立管理科学学院也可以与高等教育部和财政部协商，根据各部委要求提供其他类型人才培养方案。

（五）非洲计算机学院

非洲计算机学院成立于 1971 年，由贝宁、布基纳法索、喀麦隆、科特迪瓦、加蓬、尼日尔等国共同组建。学校位于加蓬首都利伯维尔，并在喀麦隆、尼日尔、多哥设立分校，主要培养计算机领域的高端人才，该校本科阶段的专业为编程和程序分析，完成两年学业可获得程序员证书，完成三年学业可获得程序分析师证书；研究生阶段开展计算机应用管理专业，学生毕业可获得计算机应用管理工程师学位。

（六）奥文多技术学院

2011年，加蓬政府在利伯维尔西南郊区的港口城市奥文多成立奥文多技术学院，该学院隶属高等教育部，拥有独立法人地位以及财政自主权。该学院主要培养工业和第三产业所需的科学技术人才，并为企业提供干部培训和进修服务。该学院共开设14个专业。

（七）组织科学大学学院

2006年，根据《005/2006法》，高等文秘学院重组，更名为文秘和组织科学大学学院，2008年，高等教育部重新强调了该学院的"综合性大学"性质，将其再次更名为组织科学大学学院。2011年，随着本—硕—博高等教育学历体系的建立，该学院再次调整专业设置，进一步强调教育和就业的衔接，着重发展组织科学学科人才培养的职业化培养模式。

（八）高等科技学院

根据1998年8月14日《15/1998法》，加蓬成立了高等科技学院。该学院拥有独立法人地位和财政自主权，旨在为加蓬培养中层科技类干部，开展科技类的国际交流和合作。该学院有三种培养类型，均设置入学考试：基本教育，选拔技术类高中毕业生或普通教育类的持有高中毕业会考文凭的学生或有同级别文凭的人员；特殊培养，面向已接受两年高等教育并获得相应文凭的学生；继续教育，面向已有工作经验的人员。

（九）国立卫生和社会服务发展学院

根据 2010 年 7 月 27 日的《20/2010 法》，加蓬成立国立卫生和社会服务发展学院，该学院接受卫生部、家庭和社会事务部和高等教育部三个部委的联合管理。国立卫生和社会服务发展学院主要培养卫生和社会服务方面的专业人才，主要培养类型有三种，分别用公务员体制中 B1、A2 和 A1 级别对应称呼。国立卫生和社会服务发展学院提供与卫生和社会服务相关的教育、专业咨询、科研等服务，开展国家、非洲区域和国际层面的合作。国立卫生和社会服务发展学院还可以根据国家卫生部门的需要，在高等教育部的监管下制定其他类型的培养方案，颁发其他文凭和证书。基本高等教育阶段的学生需要通过入学考试，而继续教育阶段的学生除了需要通过入学考试外还需要具备一定的工作经验。加蓬的每个省还建有国立卫生和社会服务发展学院的省级分院。省级分院虽然在形式上归国立卫生和社会服务发展学院管理，但事实上拥有独立的管理和财政权力。省级分校主要负责医疗卫生领域公务员中的 B2 类人才培养工作，与国立卫生和社会服务发展学院的人才培养目标互补。

（十）国立高等师范学院

1971 年，根据《59/1971 法》，加蓬成立了国立高等师范学院，后于 1993 年重组学院。国立高等师范学院拥有独立法人地位和财务自主权，隶属国民教育部和高等教育部两个部委，受其联合管理。主要在艺术教育、档案管理、测试和评估、外语教育、本地语言教育、人文和社会科学教育、数学教育、科学教育等方面进行师资培训。主要教学语言为法语。根据 2014—2015 学年的统计，全校在职教师共 190 人，在校学生 2 772 人（包括外国留学生）。[1]

学校的本科教育阶段主要培养初中教师，颁发职业型本科文凭，专业包括生命和地球科学、物理、数学、法语、英语、德语、西班牙语、艺术教育、历史–地理。硕士研究生教育阶段主要培养高中教师，颁发职业型硕士文凭，增设了经济社会学、哲学、文献管理、心理咨询等专业。

（十一）初级教师教育学院

初级教师教育学院旨在为学前教育和小学教育培养师资，所提供的培养类型包括 1 年制的师范教育、小学教员和助理教员的进修培养。初级教师教育学院还参与国家教育研究院主导的教学研究工作。

初级教师教育学院隶属于国家教育学院。学院招生标准由国民教育部决定，招生数量根据国家教育预算情况而浮动。进入该学院的学生必须为加蓬国籍，持有高中毕业会考文凭，在初级教师教育学院毕业后必须在教育系统工作服务 10 年。学生毕业后可获得基础教育能力证书，持有该证书的学生相当于获得实习教师的资质。

（十二）技术教育高等师范学院

技术教育高等师范学院成立于 1972 年，位于首都利伯维尔，拥有独立法人地位和财务自主权。学院主要培养技术初中和技术高中的技术教育教师并为其提供进修机会。技术教育高等师范学院与企业联系密切，其教育内容与实践紧密结合。

自 2010 年开始，学院按照本—硕—博高等教育体系调整学制，设立了

---

[1]　资料来源于加蓬国立高等师范学院官网。

10 个专业，其中 7 个为工业方向（木材工程、土木工程、电气工程、机械工程、金属结构、引擎维修、机械制造），3 个为第三产业方向（行政和交流、商务交流、会计管理）。

六、私立高校

2012 年，加蓬政府与私立高等教育办学机构签署合作协议。此后，私立高等教育机构大力发展职业培训，主要涉及高级技术员证书教育、工艺学院短期教育、专业技术员文凭教育、职业型本科教育、职业型硕士教育、工商管理硕士教育、校级学士[1] 教育、工程师文凭教育等培养类型。私立高等院校侧重点各不相同，本书简要介绍部分和加蓬政府建立了良好合作关系的私立高等院校。[2]

高等工程师学院[3]，提供石油和矿产专业工程、信息技术工程的 2 年制校级学士教育，石油经济、组织战略和发展、石油工业物流、石油会计和税务的 5 年制职业型硕士教育。

法国加蓬国际银行商学院，提供银行-财经-保险、会计-管理-审计、企业管理三个专业的 3 年制职业型本科教育，企业和项目管理、银行、财经、保险四个专业的 5 年制职业型硕士教育。

高等商业管理学院，提供商务、管理助理、财会管理三个专业的 2 年制

---

[1] 这是包括加蓬在内的部分法语国家实行的高等教育文凭和证书制度，很多高等专科学院的学生完成 3 或 4 年学业后可获得校级学士证书，它与传统的法语国家本科学位（Licence）有所不同，后者是国家承认的，但校级学士证书需要经过申请认证等流程后，才可被认同为本科学位。校级学士证书主要存在于高等专科学校。

[2] EKOUMA C M. Orientation scolaire et professionnelle au Gabon: situations, contextes et enjeux[M]. Paris: L'Harmattan, 2016.

[3] 不同于前文利伯维尔高级工程师学院，前文的利伯维尔高级工程师学院为公立院校，此处的高等工程师学院为一所私立学校。

高级技术员证书教育和专业技术员文凭教育，以及营销和交流、人力资源、会计–财务三个专业的 3 年制职业型硕士教育。

会计税务技术中非地区学院，提供管理、会计–税务、管理–财务–审计、保险、银行、财务六个专业的 2 年制高级技术员证书教育，以及这些专业的 3 年制职业型本科教育。

利伯维尔国际商业学校，提供普通行政、管理助理、中小企业管理助理、人力资源助理、银行–保险、会计–财务、旅游–酒店管理、环境质量–卫生–安全、金融工程师等专业的 2 年制高级技术员证书教育、工艺学院短期教育、专业技术员文凭教育，以及数码信息技术、社会安全管理、战略管理、物流和运输、会计管理、企业信息和交流、工业资源管理等专业的 3 年制校级学士教育或 5 年制职业型硕士和工商管理硕士教育。

领袖和发展高等学院，提供行政管理专业校级学士教育，5 年制金融、审计–管理、人力资源、市场营销、项目管理等专业的职业型硕士教育，以及企业交流、国际交流、翻译、国际商务、环境质量–卫生–安全等专业 5 年制工商管理硕士教育。

加蓬管理学院，提供行政和商务管理、企业行政管理、中小企业创业管理、物流和运输管理、组织交流、国土资源管理、可持续发展（旅游、环境）等专业 2 年制工艺学院短期教育，银行–保险、中小企业会计和财务、人力资源管理、组织管理、公共管理、体育管理、环境质量–卫生–安全等专业 3 年制职业型本科教育，以及创业、工业采购、企业财务–管理–审计、人力资源战略管理、环境质量–卫生–安全、智能经济、企业行政管理、项目和可持续发展管理、地方可持续发展管理等专业 5 年制职业型硕士教育。

高等商业管理学院，提供物流和运输、市场营销和国际商务、会计和财务技术、人力资源等专业 3 年制职业型本科教育，以及审计管理、人力资源管理、物流–运输、市场营销和国际商务、商法等专业 5 年制职业型硕士教育。

企业和行政管理发展学院，提供工业生产工程师、水资源管理、能源管理、风险战略管理等专业 3 年制校级学士教育，以及财务–会计、市场营销、人力资源、物流和采购、计算机管理、电信工程、法学、环境质量–卫生–安全等专业 5 年制职业型硕士教育。

高等海洋学院，提供矿产–地质–石油专业 3 年制职业型本科教育，以及国际商务、河流和滨海地区管理、海洋和港口活动管理、人力资源管理（港口人力资源）、环境质量–卫生–安全等专业 5 年制职业型硕士教育。

法–美管理学院，提供组织交流、国际商务和市场营销、企业和项目管理、人力资源、财务–会计–审计等专业 3 年制校级学士教育或职业型本科教育，以及企业行政管理、国际商务和市场营销、社会发展专业的 3 年制职业型本科教育和 5 年制职业型硕士教育。

利伯维尔高等商学院，提供商务管理专业 3 年制校级学士教育，以及金融–银行、审计管理、市场营销、人力资源管理、企业和项目管理专业 5 年制工商管理硕士教育。

法国–加蓬圣埃克絮佩里大学，提供可持续发展、文化和国际关系、政治科学和地区管理、文化遗产和旅游、经济和社会管理、智能经济、物流–交通–关税等专业的 3 年制职业型本科教育，可持续发展、石油–天然气–矿产、森林、垃圾管理、可再生能源、水和环境等专业 3 年制职业型本科教育和 5 年制职业型硕士教育，以及土木工程 5 年制职业型硕士教育。

第二节 高等教育的特点和经验

一、高等教育的特点

加蓬在对学生的分科分流方式、文凭和证书系统、高等教育阶段设置、学制设计等诸多方面与法国有着相似之处，因而形成其第一个特点——与法国高等教育的亲缘性。

由于加蓬地区经济发展不平衡，其高等教育资源分布也呈现出不均衡的态势，大多数高校地处首都，其他地区高校数量极少，这形成了加蓬高等教育的第二个特点——地区分布的不均衡性。

加蓬的综合性大学少，学校规模有限。事实上，加蓬真正称得上公立大学的只有三所学校，即奥马尔·邦戈大学、加蓬医科大学和马苏库科学技术大学。经过院系重组后，这三所大学的规模也较大程度地缩减。无论是公立还是私立，大多数加蓬高校都以某个特定方向为主要发展方向，且职业型本科教育和职业硕士教育的比重很大，这形成了高等教育的第三个特点——职业教育优先性。

二、高等教育的经验

加蓬的高等教育能形成今日的规模主要得益于其效仿法国高等教育的模式，省去了很多摸索的时间。利伯维尔作为加蓬首都，利用自身经济和政治优势大力建设高等院校，掌握大量的国内优质教育资源，形成区域优势，培养高质量人才。加蓬通过院系调整，建立起一批专业特色鲜明的专科院校，各个院校形成人才培养专业特色。公立与私立大学协同发展，借助美国、法国等西方发达国家的资源发展本国高等教育，同时，逐步完善奖学金制度，这在一定程度上解决了贫困学生的学费问题，进一步实现了教育公平和公正。

（一）照搬法国，对接欧洲

和众多原法属非洲殖民地一样，加蓬独立之后基本沿用了法国的高等教育制度。该制度以高中毕业会考文凭和中学分科制度为基础，在高等教育机构中区分公立大学、高等精英专科学校、学院等主体，高等教育阶段学制以"高中毕业会考文凭（BAC）+n"来表示，"n"表示学习年限。为了与欧洲高等教育制度接轨，加蓬在21世纪初开始实行LMD高等教育体系。与欧洲接轨的高等教育制度促进了加蓬国内各大高校之间，以及加蓬高校与其他国家，特别是西欧国家高校之间的学生交流活动，保证了加蓬青年学生的国内和国际流动性。

（二）公私合作，协同发展

自2012年起，加蓬政府陆续和私立高等教育机构签署合作协议，主要合作领域为与职业教育相关的各种教育和证书培训，包括高级技术员证书教育、工艺学院短期教育、专业技术员文凭教育、职业型本科教育、职业型硕士教育、工商管理硕士教育、工程师文凭教育等，形式多样，模式各异。2012年2月14日的《21/2011法》对教育、科研和培训相关事务进行了规定，提出了教育的总体原则，对公立和私立学校的合作办学关系进行了规定。私立高校已成为加蓬高等教育机构的必要补充，部分私立大学，例如，法国–加蓬圣埃克絮佩里大学，借助法国合作大学的优势教学资源，发展迅速，成为很多家境优渥的加蓬高中毕业生的首选。但同时，也有部分私立大学的教学质量堪忧，根据 2019 年加蓬高等教育部的一项质量评估，57 所私立高校中，仅有非洲管理大学、法国加蓬国际银行商学院、利伯维尔国际商业学校等 8 所私立高校完全通过检查；非洲-美洲管理学院、数字商学院、高等信息管理科学学院等 24 所私立高校在部分学科上仍需改进，被评为"有条件地通过检查"；中非货币社区学校、高级国家教育和培训学院等 9 所私立高校未能通过检查，相关部门责令其关停整改。[1]

（三）院系调整，突出专业特色

经过 20 世纪一系列的院系重组，加蓬建立起一批专业特色鲜明的专科院校。奥马尔·邦戈大学是加蓬的第一所高等院校，设有文学与人文科学、法律与经济、科学三大学科群，前两者保留在奥马尔·邦戈大学内部，成为文学与人文科学学院以及法律与经济学院。1986 年，原奥马尔·邦戈大学的科学学科群从奥马尔·邦戈大学中分离出来，在其基础上形成了马苏库科学技术大学。2002 年，加蓬医学院从奥马尔·邦戈大学分离。这一时期，一批高等精英专科学校和学院，如国立高等师范学院、技术教育高等师范学院、高等文秘学院、国立管理科学学院、高等技术学院先后成立。高等教育院校调整虽然分散了教学硬件资源和师资资源，但根据学科分类有机整合资源，加强了单一院校的学科优势。

---

[1] 资料来源于加蓬评论官网。

第三节 高等教育的挑战和对策

一、高等教育的挑战

（一）学生数量激增，招收能力有限

进入 21 世纪以来，加蓬人口持续增长，预计到 2025 年可达 270 万，接受高等教育的学生数量也同步增长，各高校的实际招生数量远超自身招生能力，宿舍、食堂、图书馆、教室、教师数量严重不足。以奥马尔·邦戈大学为例，从招生体量看，该校最多容纳 7 000—8 000 名学生，但 2003 年奥马尔·邦戈大学招生数达 6 128 人，2010 年招生数超过 12 000 人。2020 年，该校学生已接近 35 000 名，而学校只有 600 间宿舍，共计 1 200 张床位；只能容纳 400 名学生的阶梯教室实际上容纳了 2 000 多名学生。学生数量大幅增长，学校不得不采取"错峰"上课的办法，把大班切分为多个约 500 人的小班，把上课时间延迟到晚上 6 点。由于教室紧缺，一些院系不得不取消应有的实践课，学生也不得不挤在通风不畅且设施老旧的教室里。除硬件设施不足外，随着学生人数增加，师生比也大幅降低。2010 年，奥马尔·邦戈大学法律系的师生比为 1∶54，经济系的师生比为 1∶24，而到了 2020 年，师生比分别为 1∶111 和 1∶72。高等教育教师数量相对不足，加之教师还兼有行政职务等，辅导学生时间减少，最终影响了教学质量。[1]

在加蓬排名数一数二的公立大学奥马尔·邦戈大学尚且如此，其他高校的情况就更严重了。加蓬医科大学可接纳学生 1 452 名，但目前实际学生

---

[1] BEKALE D D. L'égalité des chances à l'épreuve de la massification à l'université Omar Bongo de Libreville. Du discours politique à la réalité de l'offre universitaire[J/OL]. Éducation et socialisation Les Cahiers du CERFEE, 2020(58): [2022-09-10]. https://journals.openedition.org/edso/13463.

数已达 3 305 人；马苏库科学技术大学可接纳 719 人，但实际有 1 269 名学生。虽然加蓬政府每年都计划要建设新的高校，但实施工作进度缓慢，新校区建设及其硬件设施配置工作迫在眉睫。[1]

为了解决学校基础设施不足、教学硬件条件紧缺的问题，2017 年，加蓬政府决定提高公立大学的注册费，大一至大三学生需要支付的注册费从原先的 5 000 西非法郎增长到 9 000 西非法郎；硕士研究生阶段的注册费从 20 000 西非法郎涨到 75 000 西非法郎；博士研究生阶段的注册费提高到了 75 000 西非法郎。[2] 然而，学费增长加剧了学生和校方的冲突，教育基础设施落后、招生规模受限的问题并未真正解决。

（二）重修率过高，教学质量堪忧

考试不及格问题是加蓬各教育阶段都难以摆脱的困境，在高等教育阶段同样有所体现。虽然这一问题在非洲大部分国家都存在，但在加蓬尤为严重，已经引发了严重的经济和社会问题。从 20 世纪 60 年代以来，考试不及格导致重修的现象屡见不鲜。在高等教育阶段，本科阶段有 63%—76% 的大学生需要重修。40% 的大一学生需要重修一年甚至两年才能完成大一学业，多次重修后仍不及格的学生只能重新选择其他专业。[3]

以奥马尔·邦戈大学为例。进入 21 世纪以来，该校学生及格率基本低于 20%。根据加蓬高等教育部 2003 年的数据，在法律与经济学院的一年级学生中，法律系学生不及格率为 92.4%，而经济系为 93.5%，为整个大学内最高。法律与经济学院学生一年级的不及格率虽然在近几年有所降低，但

---

[1] 资料来源于非洲新闻社大西洋联合会（The Atlantic Federation of African Press Agencies）官网。

[2] 资料来源于法国国际广播电台官网。

[3] DEMBA J J. L'échec scolaire et le rapport aux enseignants et enseignantes: aperçu du point de vue de jeunes du secondaire au Gabon[J], Recherches qualitatives, 2011, 30(1): 226.

一直在 50% 以上，平均不及格率法律系为 72.2%，经济系为 72.9%。在年级纵向变化方面，不及格率随着年级增长而逐步降低。表 6.6 反映了 2009—2014 年法律与经济学院一年级学生因科目不及格而导致的重修率。[1]

表 6.6 2009—2014 年奥马尔·邦戈大学法律与经济学院一年级重修率

学年	法律系	经济系
2009—2010	68.4%	61.5%
2010—2011	93.1%	96.1%
2011—2012	79.2%	79.8%
2012—2013	62.1%	58%
2013—2014	58%	69%

学生对于所选专业兴趣索然是造成高重修率的重要原因。首先，大部分高中毕业生倾向于选择需要经过入学考试选拔的高等精英专科学校，然而这类学校招生名额有限，被淘汰的考生无奈只能进入公立大学，因而公立大学的生源相对较差，重修率较高。其次，很大一部分大学生来自贫困家庭，他们既要完成学校功课，又要利用空余时间打工维持生计，这严重影响了他们的成绩。[2] 最后，由于大学学业和高中学业在学习方式和教学模式上都有很大差异，新生一时间难以适应，加之高校并未制定合理有效的学业跟踪制度或未对学生的学习进行指导，导致问题越积越多。

---

[1] DEMBA J J. L'échec scolaire et le rapport aux enseignants et enseignantes: aperçu du point de vue de jeunes du secondaire au Gabon[J], Recherches qualitatives, 2011, 30(1): 226.

[2] BÉKALÉ D D, MAROUNDOU M. L'orientation post-baccalauréat dans le système LMD au Gabon: pour une lecture sociologique des déterminants sociaux et scolaires[J]. Akeng revue Gabonaise de recherche en éducation, 2016(4): 54.

（三）暴力事件频发，教学秩序受扰

从 2010 年以来，加蓬高校罢工、罢课和暴力事件层出不穷，严重影响了正常的教学活动，这里主要存在三重矛盾。

第一重矛盾是学校和学生之间的矛盾。奥马尔·邦戈大学成立之初，普遍被视为学生实现人生梦想的地方，但 2010 年以来，频发的学生与校方之间的冲突经媒体曝光后，其社会形象有所改变，尤其在中学生及其家长眼中呈现为负面形象。由于高校接纳能力和学习资源有限，学生不得不争抢阶梯教室、自习教室、实验室等学习资源。[1] 例如，在奥马尔·邦戈大学，大一学生必须提前一小时到阶梯教室占位置，否则只能站在教室后面或坐在台阶上听课。学校资源有限和学生需求强烈之间的矛盾导致很多学生放弃大学学业，或在条件成熟时转入私立高等学院。

第二重矛盾是学生与学生之间的矛盾，主要体现为校园暴力。例如，在奥马尔·邦戈大学，新生入校时，老生会进行一种叫"大校门"的所谓考验活动，要求新生完成一些羞辱性任务，新生越是反抗，惩罚越严重。再如，在阶梯教室上课时，新生在第一学期往往是没有位置可坐的，只能坐在地上，而老生还会制造噪音影响新生听课。各种形式的威胁和精神暴力会对新生的心理健康造成伤害，但这些行为却已被视为高校"传统"，校方的干涉收效甚微，官方对于实施此类暴力行为的学生没有采取有效措施。

第三重矛盾为教师和学生之间的矛盾。学校章程对教师的责任和义务做了明文规定，例如，奥马尔·邦戈大学要求"教师不得以任何方式滥用职权"。然而，在日常教学和研究工作中，教师滥用职权的现象屡见不鲜。部分高校教师对学生进行精神骚扰，如以考试或作业为要挟，提出金钱、服务（包括对老师唯命是从、鞍前马后服务等）等要求。但这些问题往往

---

[1] MAKOSSO B. La crise de l'enseignement supérieur en Afrique francophone: une analyse pour les cas du Burkina Faso, du Cameroun, du Congo, et de la Côte d'Ivoire[J]. Journal of higher education in Africa, 2006, 4(1): 74-75.

被校方所忽视，问题追查难度也较大。[1]

事实上，在这三重矛盾中，高校、学生和教师每方都有其深层次的原因。就学校方而言，本—硕—博高等教育体系面临实施困境，由于师资、硬件等方面的问题，很多高校依然在旧的高等教育制度和本—硕—博高等教育体系之间徘徊，高校的食堂、教室、宿舍配备不齐全，学生学习、生活质量无法得到保证。就学生方而言，老生对新生的校园暴力行为源于传统成人社会中的掌控权，老生以一种资源控制者的身份对新生进行身体和精神上的欺辱，以此彰显他们在校园这个权力场中的主体地位。就教师方而言，教师作为校园中的权力持有者，有意或无意地对学生的精神和身体造成伤害，而且由于传统观念，很多人并未意识到它的非法性。

二、高等教育的对策

（一）优化高校内部的教学计划和层次

照搬法国高等教育制度虽然在一定程度上缩短了加蓬高等教育制度建设过程中的探索时间，但也意味着忽视本国国情，这阻碍了制度创新。在加蓬这样的发展中国家，对基础劳动力的需求巨大，国家对于职业技术人才的需求远远超过对于普通高等教育中培养出的人才的需求，在资源有限的情况下，普通高等教育的发展在一定程度上抑制了高等职业教育的发展。面对这一问题，加蓬的很多高校设置的教育类型都以职业型人才培养为主，不断改革和调整高级人才培养机制，强调实践能力，在本—硕—博高等教

---

[1] MAVIOGA O M S. La violence dans l'enseignement supérieur au Gabon. État des lieux de la violence endogène à l'UOB [C]//DEMBA J J, BERNARD M C, MBAZOGUE-OWONO L. L'éducation dans un contexte d'inégalité et de violence: l'Afrique francophone subsaharienne à l'étude. Québec: CRIRES, 2020: 114-133.

育体系之外，鼓励各部委和高等教育部合作开展职业人才培养工作，保证内部人员的职业进修机会。

（二）开展区域和国际合作，争取资金支持

21世纪的经济全球化对非洲高等教育产生了极为深刻的影响，非洲大陆教育的区域化合作机制日趋成熟，加蓬也正在非洲区域范围内甚至国际范围内展开校际教育和科研合作，通过合作和资源共享，缓解学生人数激增与教育资源严重不足的矛盾。

加蓬一方面继续推进与法国、英国、比利时等欧洲国家高校已有的合作项目，另一方面拓展与亚非国家高校合作的可能。2020年2月27日，加蓬与印度建立高校合作关系，印度波尔尼马大学和奥马尔·邦戈大学、加蓬医科大学、马苏库科学技术大学、技术教育高等师范学院、国立管理科学学院、组织科学大学学院等建立合作关系，旨在提升加蓬的教学质量和培养高质量师资。2021年7月，加蓬和土耳其在两国高等教育部长高峰会议上签署了合作协议，协议内容包括共享教育和科研期刊，进行科研项目合作以及促进教师、督导和科研人员的交流。

同时，加蓬积极争取国际社会和国际组织的经费支持，以缓解高校教育资源不足的困境。2009年，非洲开发银行向加蓬提供1.54亿美元的贷款，用于帮助加蓬发展公立高等教育和职业教育，该贷款项目惠及加蓬11所高等教育院校（包括3所综合性大学、5所精英专科学院和3个研究院），每年有1 000名高等教育学生从中受惠，数百名教师和学校管理人员获得专业学科和管理能力的培训。[1]

---

[1] 资料来源于非洲开发银行官网。

（三）发展远程教育，适应后疫情时代教育困境

从 2021 年 1 月开始，加蓬的高等教育院校都开始使用线上教学的方式，这是加蓬网络教育普及的一个重要里程碑。自此，加蓬学校采取两种方式混合教学：新生在阶梯教室线下上课，老生则采取线上学习的形式。虽然国立管理科学学院等少部分院校两年前已尝试线上教学，但全国范围大规模使用网络教学在加蓬还是第一次。为此，加蓬政府投入了 7.5 亿西非法郎，用于开发线上教学系统，帮助教师和科研人员制作课程等。此次开发的在线教育网站能和各大学、高等精英专科院校的网站互联。针对线上学习需要电脑等硬件设备的情况，政府奖学金获得者可以利用奖学金里的文件包费用购买或使用电脑，同时，高等教育部也通过学校和社区提供电脑使用服务来满足没有获得政府奖学金的学生的学习需求。[1]

在线教育能够有效缓解教育资源不足的问题，并在后疫情时代保证教学质量。然而，线上教学并不能解决教学大纲和教学内容滞后以及教育质量监管空缺的问题，这是加蓬高等教育今后需要努力的方向。

---

[1] 资料来源于加蓬评论官网。

第七章 职业技术教育

第一节 职业技术教育的现状

自 20 世纪 80 年代以来，加蓬日益意识到职业技术教育对于解决就业和贫困、发展经济和维持社会稳定的重要性。一方面，在普通教育之外，加蓬政府发展职业技术的学历教育，将中等教育与实践性较强的专业教育相结合，使这类职业技术教育成为加蓬中等教育的重要组成部分；另一方面，加蓬政府在全国各地设立职业培训中心，使成人教育中的扫盲教育和职业培训相结合，通过非学历的职业技术教育，保证扫盲教育的后续性，解决人们的就业、再就业和生计问题。

一、职业技术教育的概况

加蓬的职业技术教育脱胎于殖民时代的教会学校。由于受宗主国教育体系的影响，自殖民时代以来，加蓬教育体系以普通教育为主，忽视职业技术教育，这导致了后来社会经济发展和教育导向之间的脱节。在加蓬独立后最初的十年，职业技术教育的大部分教师都是欧洲人。

1995 年，加蓬《0001 号法令》规定，加蓬的职业技术教育是使受教育者具备从事某种职业所需要的职业道德、专业知识、技术技能和能力素质而实施的教育活动，分为学历教育的职业技术学校教育和非学历教育的职业培训两类。学历教育的职业技术学校教育帮助学生掌握职业和技术的理论知识，并将这些理论知识应用于劳动实践，学业结束后，学生将获得相应的职业证书，部分学生可以参加职业类或技术类高中毕业会考，然后接受理工科或商科的高等教育；非学历教育的职业培训帮助学员获得和提高职业技能，使其能够满足相应工作的需求。

总体而言，加蓬的职业技术教育为未能进入或未能顺利完成普通中等教育的加蓬青年以及社会中文化层次较低的人群提供了接受教育和进入职场的机会，是整个教育体系中不可或缺的一环。

二、职业技术学校教育

职业技术学校教育在加蓬受多个部委管理，但以国民教育部的管理为主。以 1996—1997 学年为例，职业技术学校教育中有三分之二的学生（共计 6 500 人）都归属国民教育部管辖。除国民教育部外，职业技术学校教育的主管机构还包括高等教育部、职业技术教育部等。

职业技术学校教育的教师数量不断下降，1985 年，职业技术学校教育的教师数量占全体教师数量的 19.6%，1995 年下降到 9.5%，到 2013 年只占 8%。总体而言，加蓬的职业技术学校教育只占国民教育的一小部分（见表 7.1）。[1] 与大幅提高的普通高中教育的注册率相比，职业技术学校教育的注册率一直非常低，一般每 10 万居民中仅有 377 人注册职业技术学校教育，勉强高于非洲平均水平（每 10 万居民中 364 人）。接受职业技术学校教育的

---

[1] BAH-LALYA I, YENIKOYA A. Gabon, pour une éducation de qualité accessible à tous[R]. Tunis: Association pour le Développement de l'Éducation en Afrique, 2011: 17.

女性学生占比 37%。[1] 参加高中毕业会考的学生中仅约四分之一的学生参加的是技术类或职业类高中毕业会考，接受职业技术学校教育的学生一般是没有顺利进入普通高中教育的学生。可见，加蓬的职业技术学校教育参与人数少、生源质量不高，这导致加蓬劳动力素质低下，成为国家经济转型过程中的一大困扰。

表 7.1 加蓬普通中等教育和职业技术学校教育的学生分布比例 [2]

年份	1988	1994	1995	1996
普通中等教育的注册学生比例	76.9%	91.5%	90.3%	92%
职业技术学校教育的注册学生比例	20.8%	8.1%	9.1%	4.2%

（一）证书体系

加蓬的职业技术学校教育参照法国的职业教育体系 [3]，将职业技术学校教育的各类证书和学历与普通中等教育的证书和学历相对应，并与高等教育接轨，共同构成了国家的证书和学历体系。加蓬的职业技术学校证书和文凭有以下五类。

职业能力证书：学生完成普通初中第二学年学业，从初中第三学年进入职业中学，完成三年职业教育后可获得职业能力证书。

---

[1] Organisation Internationale du Travail. L'état des lieux du système de formation professionnelle (Gabon)[R]. Genève: Organisation Internationale du Travail. 2019: 40.

[2] 由于存在辍学等情况，故表格百分比相加不为 100%。

[3] 2019 年，法国国家职业证书委员会使用新的职业证书级别体系，共分为 8 级，与原有的 5 级分类体系可以兼容，本书使用新的级别体系。在该体系中，高中毕业会考文凭为第 4 级，以高中毕业会考文凭为界，低于此教育水平的幼儿园和小学学历为第 1 级和第 2 级；初中以上、高中毕业会考文凭以下学历的职业证书水平，如职业能力证书等类型的教育为第 3 级；在高中毕业会考以后的高等教育中，BAC+2 为 5 级，BAC+3 为 6 级，BAC+5 为 7 级，BAC+8 为 8 级。

职业学业证书：学生完成普通初中第二学年学业，从初中第三学年进入职业或技术中学，完成四年职业教育（包括 3 个月实习）后可获得职业学业证书。

国立商科学校文凭：学生完成普通初中四年学业，获得初中学业证书后可报考位于让蒂尔港的国立商科高中，从高一进入国立商科高中，完成四年学业后获得国立商科学校文凭。

技术员证书：学生完成普通初中四年学业，获得初中学业证书后可报考技术高中，从高一进入技术高中，完成三年学业后获得技术员证书，获得该证书的学生一般直接就业。

技术类高中毕业会考文凭和职业类高中毕业会考文凭：学生完成普通初中四年学业，获得初中学业证书后可报考技术高中，从高一进入技术高中，完成三年学业后参加技术类或职业类高中毕业会考，顺利通过后可获得技术类高中毕业会考文凭或职业类高中毕业会考文凭，随后进入高等教育相应专业。

加蓬的证书体系参照法国的证书级别体系，职业能力证书、职业学业证书低于高中毕业会考，属于职业证书第 3 级；国立商科学校文凭、技术员证书、技术类高中毕业会考文凭和职业类高中毕业会考文凭则属于第 4 级。这一证书和文凭体系可以与普通中等教育相对应，并与高等教育接轨，方便学生后续深造选择相应的高等教育项目。

各类职业证书对应的专业方向有所不同。职业能力证书的专业方向为文秘、会计助理、泥瓦工、建筑木工、汽车机械、机械养护等；职业学业证书的专业方向为建筑设计、引擎设备、高级细木工、冶金工程、办公文秘、会计管理、电子科技、卫生设施等；国立商科学校文凭的专业方向为商务、管理、行政管理等；技术员证书的专业方向为制冷和空调、柴油机械等。[1]

---

[1] BAH-LALYA I, YENIKOYA A. Gabon, pour une éducation de qualité accessible à tous[R]. Tunis: Association pour le Développement de l'Éducation en Afrique, 2011: 18.

技术类和职业类高中毕业会考文凭的情况则较为复杂。目前，加蓬国内设置了三种类型的高中毕业会考，分别是普通高中毕业会考、技术类高中毕业会考、职业类高中毕业会考。其中，职业类高中毕业会考是 2015 年新设立的，由于职业类高中毕业会考的历史比较短，相关资料和数据较少，在此我们主要介绍技术类高中毕业会考文凭的专业方向。

在技术高中，学生经过入学考试进入技术教育阶段，在高中一年级划分方向，并以此为准参加相应专业的高中毕业会考。技术高中的学生分为工业方向和第三产业方向，工业方向有以下专业可选：机械制造、木材加工、电子技术、电力科技、土木工程、工业维修、数学和技术。第三产业方向包括以下专业：行政沟通、商务沟通、会计管理。在技术类高中毕业会考中，70% 的考生选择工业方向，30% 选择第三产业方向。

工业方向的学生需要掌握工业科技相关的知识和能力，通过技术类高中毕业会考后可以选择进入普通大学或者高等专科学校。第三产业方向的学生需要学习市场营销、会计、市场调研、广告、促销、营销地理学、售后服务等科目相关知识，通过技术类高中毕业会考后可以选择高级技术员证书教育、工艺学院短期教育等高等教育项目或选择职业型本科教育。

（二）教育机构

职业技术学校教育的教育机构按照学科可以分为职业中学（包括国立商科高中）和技术中学，两者在专业设置上有很多相似，但两者的导向有很大区别。职业中学主要以就业为导向，因而培养方案中实践活动较多，注重实操性；而技术中学的主要任务之一是培养学生参加技术类高中毕业会考，进入高等教育，因而课程内容上理论和实践并重。为了适应国家经济发展对高层次职业技术人才的需求，近十年来，加蓬多所职业中学转型为技术中学。

根据非洲教育发展协会的报告，2010 年，加蓬共有 11 所职业中学，其中，首都利伯维尔有 3 所，让蒂尔港有 2 所，富加穆、弗朗斯维尔、穆伊拉、奥耶姆、奇班纳、穆安达分别有 1 所。[1] 根据加蓬国民教育部官网信息，2022 年，加蓬有 12 所技术高中 [2]，其中，首都利伯维尔有 3 所，恩图姆市 2 所，让蒂尔港 2 所，奇班加、欧耶姆、穆伊拉、富加穆、莫安达各 1 所。本章选取加蓬国内两所较为知名的职业和技术中学做介绍。

位于让蒂尔港的国立商科高中是加蓬目前唯一的一所以商科为主的职业高中，主要培养商业中层管理人员。学校开设商务管理和计算机、行政沟通和文秘、会计和计算机管理三个专业。学校对初中毕业生设置入学考试以进行选拔，报考学生不得超过 18 周岁，入学后第一学期平均成绩不得低于 9.5 分（满分 20 分，10 分为及格）。进校后第一年为公共课程，不分专业，学生平均成绩不低于 11 分可进入高二。高二分专业，学校学业委员会根据学生的主科成绩并结合学生个人意愿进行分科。学生高二的平均成绩不低于 12 分便可升入高三，同时，完成高二学业后，学生可以申请职业能力证书。学生进入高三后，平均成绩不得低于 12 分，完成学业后可参加工业型或第三产业型的技术类高中毕业会考，顺利通过后可以申请高等教育相关专业，也可以在本校继续学业。到第四年，学生完成理论课之后需进行 3 个月的企业实习，通过论文或实习报告答辩后，可以获得国立商校文凭。国立商校文凭比高中学制多了 1 年，它和高中毕业会考文凭同处证书体系的第 4 级。

国立奥马尔·邦戈技术高中是加蓬最早的技术高中，也是全国规模最大的技术高中。该校位于首都利伯维尔，开设工业和第三产业方向的技术教育，以及木工与木材结构、汽车机械两个专业的技术员证书类型的职业教育（见表 7.2）。就读条件为入学年龄不超过 18 周岁，且入学后第一学期

---

[1] MEFANE B. Plan d'action national éducation pour tous[R]. Libreville: Ministère de l'Éducation nationale, 2002: 24.

[2] 官网中缺少关于职业高中的信息。

平均成绩不低于 9.5 分（满分 20 分，10 分为及格）。

表 7.2 国立奥马尔·邦戈技术高中培养类型

培养类别	分科	学制	学位或证书
第三产业方向技术教育	第三产业科学技术	三年	技术类高中毕业会考文凭
工业方向技术教育	工业科学技术		
职业教育	木工与木材结构		技术员证书
	汽车机械		职业类高中毕业会考文凭

三、职业培训

如果说学历教育中的职业技术学校教育是普通中等教育的有益补充，是促进学历教育多元化的有效措施，那么非学历教育的职业培训则是在社会层面提高劳动力素质、缩小贫富差距、降低失业率的有效途径。2010 年，加蓬提出经济转型的新兴加蓬战略计划，通过培养大批适应经济发展的合格劳动力，吸引外商投资，增加就业岗位，提高企业生产力，促进多元化的经济发展。2012 年，加蓬在新兴加蓬战略计划框架下出台名为"2025 规划"的就业计划，目标是在 2025 年前，提高全国就业率，减少失业，加强求职者和用工单位之间的沟通。为此，加蓬采取了一系列改革措施。

第一，加蓬努力提高主管文化、青年、劳动、就业和再就业等事务的多个部委协同工作效率，成立了人力资源局，负责职业技能培训和认证工作，成立了国家就业和职业进修办公室，为成年人提供就业培训。

第二，推动职业技术教育证书的认定工作。加蓬职业技术教育颁发的各级别资格证书对应不同的专业技术水平，不同证书的申请人需要满足不同的学历要求。由于职业技术教育证书的有效性并没有在全社会获得广泛的认可，加蓬也没有建立职业技术教育证书平台供企业查询相关信息，为此，国家就业和职业进修办公室决定推行《国家就业和职业进修办公室企业计划》，帮助招工企业制定职业技术教育证书评定方法，以更好地认定职工的业务技术能力和制定合理的内部晋升机制。

第三，提高企业用工方的参与度。在国际劳工组织的建议下，加蓬政府加强了和用工企业之间的对话，鼓励企业对职业培训的教学大纲提出意见和建议，与企业合作开展实地教学和校企合作项目。

（一）职业培训的机构

根据国民教育部的统计，1973 年，加蓬已经建有一定数量的职业培训机构，其中包括 2 个位于利伯维尔的职业培训中心、1 个位于让蒂尔港的职业培训中心、1 个位于奇班加的多工种技术培训中心、1 个位于弗朗斯维尔的多工种技术培训中心、2 个分别位于库拉穆图和欧耶姆的职业培训中心。[1]根据加蓬国家职业培训和进修办公室统计，1973—1998 年，各职业培训中心共计为加蓬工业和第三产业培养了 9 108 名实习生。[2]

2015 年，加蓬国内已分布着近百个规模不一、培训方向各异的职业培训中心（现在也称为成人职教中心）。不同于职业技术中学和商科中学，这些成人职教中心面向社会各类人群，提供技能入门培训和进修的机会，其中，对于文盲或接受过一定扫盲教育的无业或失业人员的职业技能入门培训一般在白天进行，学员递交个人材料，成人职教中心组织招生考试，一般成人职教中心会提供部分奖学金资助学员的学业。针对有进修需求的在

---

[1] MEFANE B. Plan d'action national éducation pour tous[R]. Libreville: Ministère de l'Éducation nationale, 2002: 24.

[2] MEFANE B. Plan d'action national éducation pour tous[R]. Libreville: Ministère de l'Éducation nationale, 2002: 24.

职人士，成人职教中心的职业培训一般为夜校形式。本章对几所规模较大的公办成人职教中心做简单介绍。

巴西尔·翁丁巴成人职教中心成立于1984年，位于利伯维尔，是全国最大的成人职教中心，共开设30多个专业，但各学年所开设专业不同，具体开设专业根据当年劳动力市场需求而定。学员来自社会不同阶层，职业各异，文化水平在初二至高三之间。巴西尔·翁丁巴成人职教中心根据学员的文化水平进行分班。学制为三年，学成后，学生可获得职业能力证书或职业学业证书。巴西尔·翁丁巴成人职教中心开设的专业分为工业和第三产业两大类，其中工业类专业包括锅炉焊接、汽车喷漆、工业电气、汽车电气、电力机械、空调制冷、汽车制造、电子和计算机维修、机械维修等；第三产业类专业包括办公室文秘、会计、商务技术、档案助理、图书馆助理、文档助理等。

恩冈伯成人职教中心位于利伯维尔，只开设三年制的工业类课程，学员完成学业后可获得职业能力证书。开设专业包括现代泥瓦工、木工和高档木制家具制造、制鞋、建筑电气、印刷等。

费黛尔·安如阿成人职教中心位于上奥果韦省的弗朗斯维尔，开设三年制的工业和第三产业方向课程，学员完成学业后可获得职业能力证书或职业学业证书。工业类课程包括现代泥瓦工、汽车机械、空调制冷、建筑电气、汽车电气、卫生管道铺设等；第三产业类课程主要为文秘专业相关课程。

让蒂尔港成人职教中心位于加蓬滨海奥果韦省，提供三年制的工业和第三产业的职业教育，学员完成学业后可获得职业能力证书。该中心开设的工业类专业包括锅炉焊接、汽车机械、海洋船舶机械等；开设的第三产业类专业主要为会计文秘专业。

库拉穆图成人职教中心位于奥果韦-洛洛省的库拉穆图，提供三年制的工业类职业教育，学员完成学业后可获得职业能力证书。开设专业包括裁剪缝纫、电子机械、汽车机械、现代泥瓦工、木工和高级木制家具制造等。

欧耶姆成人职教中心位于沃勒-恩特姆省的欧耶姆，提供三年制的工业类职业教育，学员完成学业后可获得职业能力证书。开设专业包括农业机械操作、建筑电气和现代泥瓦工。

马科库成人职教中心位于奥果韦-伊温多省的马科库，开设三年制的工业类和第三产业类的职业培训，前者包括重型机械和木工专业，后者为办公室文秘专业。学员完成学业后可获得职业能力证书。

2020 年 11 月 20 日，加蓬部长会议通过决议，决定在全国范围内新建4 个职业培训中心，旨在与联合国非洲经济委员会合作，培养具有科技知识和创新能力的新型人才，促进本国经济转型，推动中非地区劳动力职业技能发展和经济多元化。这 4 个职业培训中心分别为穆罕默德六世运输和物流职业教育培训中心，恩科克多行业职业教育培训中心，信息和通信技术职业教育培训中心，木业、建筑和公共工程职业教育培训中心。这些职业培训中心开设了新兴行业所需的职业技能课程，提高了职业教育和培训相关证书的含金量。

除此以外，加蓬本国企业和国际企业也积极参与职业培训中心建设工作，多所政府与企业共建的职业学校应运而生。2003 年，在加蓬化工部、职业技术教育部、职业培训部、国民教育部等多个部委的支持下，由道达尔（加蓬）石油公司出资和管理的让蒂尔港职业专门培训中心建成。道达尔（加蓬）石油公司设立奖学金，资助加蓬青年赴刚果（布）考取电力机械的高级技术员证书和赴法接受理工科的高等教育。让蒂尔港职业专门培训中心要求入学者需要具备技术类高中毕业会考文凭或技术员证书，培训时长为 9 个月，培训方向有装备仪器、机械引擎、管道系统和焊接。2014年，道达尔（加蓬）石油公司、壳牌（加蓬）有限公司、阿达克斯石油公司、法国佩伦科石油公司等多个企业在让蒂尔港投资 840 万欧元，建立了一所石油和天然气学院，招生 60 人，致力于为当地石油化工业培养专门的技术员和工程师。

（二）职业培训项目

除了依靠现有的职业培训中心开展常规化的职业培训，加蓬政府还联合民间组织、企业、国际组织等主体不定期地组织职业培训活动，为特定行业、特定人群提供有针对性的职业培训，这些培训活动一定程度上对提高社会就业和再就业率产生了积极影响。本文介绍几个加蓬近年来推出的较有影响力的、针对青年的职业培训项目。[1]

1."一个年轻人有一份职业"计划

2016 年，加蓬与非政府组织合作推出"一个年轻人有一份职业"计划，具体培训工作由三个职业培训中心开展，首先在河口省实行。该计划主要针对 16—35 岁的社会边缘群体，如辍学和失学青年。该计划向学员提供为期 3 个月的培训，培训内容包括烹饪技巧、家具制作、绘图、餐饮服务、制砖、瓦工、汽车喷漆、混凝土浇筑、木匠、缝纫、建筑电工、汽车电工、管道维修等。每个学员每月可获得 50 000 西非法郎的补贴。

2. 青年学习项目

2019 年，加蓬国家就业和职业进修办公室联合加蓬能源和水利公司、就业-青年-职业培训部共同推出青年学习项目。该项目属于新兴加蓬战略计划的一部分，着力解决企业在电力、水利和客服三大领域专门人才紧缺的问题。该项目每年向 30 余名 18—34 岁的加蓬青年提供职业培训，加蓬能源和水利公司将为学员提供实地教学。

---

[1] Organisation Internationale du Tracail. L'état des lieux du système de formation professionnelle (Gabon)[R]. Genève : Organisation Internationale du Travail. 2019.

3. 青年学习合同计划

2014 年，国家就业和职业进修办公室推出青年学习合同计划，该计划在世界银行的资助下为加蓬青年提供职业培训，以期提高加蓬劳动力的总体就业能力。凡是在国家就业和职业进修办公室注册的 16—35 岁的青年，无论学历背景，都可以申请参加该计划的培训，培训期间可拿薪酬，薪酬标准不低于最低工资标准。凡公司规模超过 50 名员工、有 3 年经营资历的企业都可以签约此计划，成为实习机会提供方。该计划具有培训期灵活、申请便捷、参与资质宽松的特点。截至 2019 年 2 月，青年学习合同计划共签约合作企业 138 家，共计 2 114 名求职青年从中获益，1 795 名青年求职成功，40 份青年学习合同转为无限期聘用合同，173 份青年学习合同转为有限期聘用合同。[1]

4. 国际劳工信息平台

2019 年 9 月，受国际劳工组织委托，加蓬和喀麦隆在喀麦隆的雅温得建立了一个三方工作坊，旨在探索移民劳动力资源合作的可能性，提高外籍劳工的职业和技术能力等。加蓬表示，要与中非其他国家共建外籍劳工信息平台，建立畜牧业和农业的技能培训中心、建立重要行业的职业技能互认体系。

除此之外，还有技能和就业能力发展计划、青年适应能力培训计划、农业加蓬计划、青年企业实习项目等。这些项目由不同部委推出，针对不同群体，总体目标均是通过教育与培训，提高国民职业技术素养，改善国民生活。

---

[1] 无限期合同即可视为终身合同，长期有效，而有限期合同指用人单位在合同规定的固定期限内聘用劳动者的劳动合同。

第二节 职业技术教育的特点和经验

一、职业技术教育的特点

（一）职业技术教育的层次性

加蓬把职业技术教育分为学历教育的职业技术学校教育和非学历的职业培训，两者针对不同社会人群，满足社会的不同需求，差异化地进行职业和技术人才培养工作。职业技术学校教育是学历教育的重要组成部分，从初中开始，职业技术学校教育通过分科分流的方法，形成一整套专业体系，为无法顺利完成普通中等教育的学生提供了另一种选择，技术类和职业类的高中毕业会考保证了这一部分学生有继续接受高等教育的可能。而职业培训给文化层次较低或有意向提高职业技能的人提供了学习的机会，大大提高了社会劳动力的整体素质。两个类型的职业技术教育之间的层次差异能够有效满足不同类型人群的教育培训需求。

（二）职业技术教育机构地理分布的不均衡性

职业培训领域中，加蓬目前共有 148 所职业培训机构，其中大部分是私立机构。河口省有 102 所，占全国总数的 68.9%，其中，利伯维尔有 97 所，奥文多有 2 所，阿坎达有 2 所，恩图姆有 1 所。除了滨海奥果韦省有 22 所职业培训机构之外，其他 8 个省的职业培训机构数量都仅为个位数。在职业技术学校教育领域，加蓬国民教育部网站上共列了 12 所技术高中，河口省的技术高中数量占了全国总数的 41.6%，办学机构在地理上的不均衡性与各省经济发达程度基本呈正相关。

（三）短期职业培训项目的多样性和针对性

除了依靠现有的成人职教中心开展常规化的职业培训，加蓬积极借助国际组织和私人企业的力量，开展众多学制较短的培训项目，如"一个年轻人有一份职业"计划、青年学习项目、青年学习合同项目等。这些短期培训项目的优势在于时间短、门槛低、涉及面广，且常常以某个行业的职业技能培训为主题，能够利用有限的资源缓解加蓬青年辍学或青年失业的社会问题，满足某一行业提高劳动力技能的需求，是对职业技术学历教育的有效补充。

二、职业技术教育的经验

（一）依靠国际援助，拓展职业技术教育规模

由于本国资源有限，加蓬积极在国际社会争取支持以发展本国的职业技术教育。

一方面，加蓬与其他国家和地区建立合作伙伴关系，以国际教育合作的形式争取师资培养和教学改革的支持。例如，2014年9月，加蓬和突尼斯在双边合作峰会上共签署了6个合作协议，在职业教育领域开展多项合作，以期加强师资力量，提高教学质量。同年10月，加蓬劳动部部长与法国劳动部部长会面，法方拟派一组咨询专家至加蓬，帮助加蓬国家就业和职业进修办公室开展工作，协助其职业培训的改革工作。

另一方面，加蓬还与各类国际组织积极联系，争取资金支持，建设新型的职业培训中心。2014年，世界银行加蓬和赤道几内亚事务负责人祖而拉·尤苏弗和加蓬职业培训部签订了关于成立两所职业培训学院的

协议，一所职业培训学院位于利伯维尔北边的阿坎达，集中培养信息和通信领域的人才，另一所位于利伯维尔东北的恩科克工业区，集中培养建筑和公共工程领域的人才。这两所学院针对企业对人才的需求，制定合适的培养方案，开展校企合作，提供现场实习，同时为年轻创业者提供项目孵化的资源和条件。2017 年，欧盟在加蓬投资超过 15 亿西非法郎，对 3 000 名无业和无技术资质的加蓬青年进行培训。2018 年，世界银行与加蓬劳动部协商，投资 550 亿西非法郎用于发展加蓬的职业技术培训。[1]

（二）优化职业技术教育结构，发展适合本国国情的专业

根据国际劳工组织的数据，职业技术教育可以帮助加蓬解决 1 万—1.5 万年轻人的就业问题。[2] 为在 2020 年实现使 20% 的青年能够接受职业技术教育、培养满足工业发展需要和经济多元化发展需要的技术人才的目标，从 2010 年起，加蓬多所职业中学转型为技术中学，以便让更多学生能参加技术类高中毕业会考，进入高等教育。职业中学向技术中学转型说明加蓬职业技术教育朝着培养高质量职业技术人才的目标发展。

除了学校向技术教育转型之外，加蓬还致力于发展关键行业的职业培训学院，如积极发展让蒂尔港的石油和天然气学院及莫安达的矿产和冶金学校。2013 年，奖学金办公室调整奖学金发放配额，重新分配后的奖学金涉及技术教育阶段，并对工程、环保、资源开发等经济领域发展强势的专业予以倾斜。加蓬政府目前的教育改革项目集中在工业、服务业、计算机、通信技术等领域，因为这些部门需要更多的技术型劳动力，这体现了加蓬调整经济结构中凸显的人才需求变化。

---

[1] OIT. L'état des lieux du système de formation professionnelle (Gabon)[R]. Genève: Organisation Internationale du Travail. 2019: 31.

[2] OIT. L'état des lieux du système de formation professionnelle (Gabon)[R]. Genève: Organisation Internationale du Travail. 2019: 41.

第三节 职业技术教育的挑战和对策

一、职业技术教育的挑战

一是培训和教育机构地理分布不均。大部分学校集中在河口省的利伯维尔及其他城市，且部分专业只集中开设在某些城市和地区的教育机构。由于教学资源有限，即便部分地区的产业机构对特定专业的职业人才需求突出，也无法开设相关的教学中心。

二是学科设置有待优化。由于缺少宏观调控，加蓬职业技术学校教育的学科设置过于分散，林木业等加蓬的传统优势行业并未形成人才培养特色；私立机构之间缺乏协调，各个教学中心的教学方案相异，无法实现教材和教具上的优化配置和高效利用。

三是行政管理和监管不力。国民教育部、国家就业和职业进修办公室、私营部门之间缺乏协作，职业和技术教育培训机构的评价体系不健全。政府对私立机构的教学方案、培训证书含金量和等级监管不力，加蓬也缺少关于私立机构毕业学员技术能力的评价机制，这导致社会对职业培训的认可度不高、在职人员的职业培训参与度不高的问题。

四是教学内容和形式落后。大多数教育机构教学内容和培养模式过时，未根据经济发展情况对课程大纲进行更新和修订；综合性职业技术培训落后，培训内容过于理论化，实践性不足；分科和分流机制不够健全，新的教学方式和教学工具没有得到推广和应用，教师本人没有及时更新知识体系，没有定期接受继续培训，这些问题共同导致加蓬的职业技术教育难以满足企业实际需要。用工需求和求职人员具备的能力之间存在着较大的偏差，且这一偏差在各个级别的工种中都存在，导致约三分之二的企业难以找到合适的应聘者。2010 年加蓬不同技术级别招工情况见表 7.3。[1]

表 7.3 2010 年加蓬不同技术级别招工情况

类型	求职人数	岗位个数	完成招聘人数	招聘岗位完成比例	求职人员录取比例
干部 / 工程师	971	188	64	34%	6.6%
高级技术员	1 324	321	149	46.4%	11.3%
技术员	302	217	68	31.3%	22.5%
熟练工	1 086	82	19	23.2%	1.7%
专业工	835	142	67	47.2%	8%
普通劳动力	142	42	25	59.5%	17.6%
总计	4 660	992	392	39.5%	8.4%

五是经费投入不足。根据世界银行的统计数据，2009 年，加蓬在教育上的投入占政府总支出的 13.4%，占国内生产总值的 2.7%，这一数值低于撒哈拉以南非洲国家的平均值。[2] 师资培训、基础设施建设和维护、教材和教具的更新、职业资格认证专家库建设等工作都需要经费，但是经费问题很难在短期内得到解决。即便是已经列入预算支持的项目也经常存在经费不到位的情况。

六是缺乏职业资质认证体系。加蓬现有的职业能力资格认证体系并未得到企业的充分承认，特别是非学历培训的能力证书认证目前仍处于起步阶段，中非经济共同体内各国的职业资格互认工作也较落后。

---

[1] 资料来源于加蓬就业和职业进修办公室官网。

[2] 资料来源于世界银行官网。

二、职业技术教育的对策

（一）保证用工企业和劳动者的充分参与

加蓬政府允许企业和劳动者共同参与职业技术培训和教育的教学大纲制定工作，并在教育和培训机构内部设立政府、教育机构和劳动力市场的三方委员会，使企业能够充分表达其用工需求，从而使教学工作能符合劳动力市场的实际需求。劳动力市场能比教育系统能更快速灵敏地对市场需求做出反应，因此及时观察劳动力市场变化并进行沟通，能够使教育与培训机构迅速掌握职业技术教育发展的趋势，在小范围内能更及时地捕捉到本地产业发展对人才需求的变化。

（二）积极建设职业培训机构，使职业培训多元化

加蓬政府积极建设新型的公立培训中心，借助国内外企业的力量，解决基础设施落后和不足的问题。穆罕默德六世运输和物流职业教育培训中心等四大新建的培训中心均有新式教学大楼、新的教学设备，这些新建的培训中心已成为加蓬职业培训的标杆机构。

（三）帮助外来移民融入加蓬劳动力市场

对于外来移民，加蓬希望通过部委之间的合作来开展外来人口职业技能培训工作。目前，加蓬的部委合作主要体现为劳动部和外交部之间的合作，两个部委致力于提高外来移民的职业和技术能力，从而促进加蓬本国经济的发展。

第八章 成人教育 [1]

第一节 成人教育的发展和现状

一、成人教育的发展历程

自 20 世纪 50 年代以来，非洲大陆上的国家纷纷独立，这些国家把提高国民素质、降低文盲率的任务置于各自发展规划中的重要位置。整个非洲大陆耗费了巨大的人力和物力开展了一场规模空前的扫盲运动。加蓬也积极参与到这一轰轰烈烈的文化扫盲运动中，而且成绩斐然。

独立之初，加蓬全国文盲率超过 80%。[2]1961 年，国民教育部成立成人教育办公室，并在 1961—1975 年开展文化扫盲运动，致力于提高国民素质。1964 年，加蓬建立了第一家公共文化中心，主要开展扫盲活动。此后，加蓬陆续在各地建立了此类性质的公共文化中心（或称扫盲教育中心），到 20 世纪末，利伯维尔有两家扫盲教育中心，让蒂尔港、奇班加、弗朗斯维尔、库拉穆图等城市各有一家扫盲教育中心。1966 年颁布的《16/1966 法》明

---

[1] 由于第七章已包含了一部分成人职业技术教育活动，因而本章集中论述扫盲及相关文化活动。

[2] BAH-LALYA I, YENIKOYA A. Gabon, pour une éducation de qualité accessible à tous[R]. Tunis: Association pour le Développement de l'Éducation en Afrique, 2011: 21.

确规定，加蓬的儿童和成年人都拥有受教育的权利。在《16/1966法》颁布之前，加蓬的扫盲教育主要由教会组织和开展。在《16/1966法》等相关法令出台后，越来越多的公立机构加入进来。随着经济发展，加蓬人越来越意识到具备读书、识字、计算等基本文化知识和职业能力对改善自身生活、融入社会、促进社会发展具有重要作用。

1975年，加蓬政府成立国民教育处，代替成人教育办公室，主管全国范围内的成人教育工作，并开展扫盲工作。加蓬政府在1982年和1984年先后召开了两次全国性的扫盲教育研讨会，研讨会确定了全民扫盲工作的重点和导向，对成人扫盲教育给予高度关注，将扫盲教育与初等基础教育学业证书[1]挂钩，并制定了一整套的成人教育方案，方案内容包括扫盲教育，也包括向成人文盲传授捕鱼、种地、养殖等职业技术相关技能。20世纪80年代中期，在联合国教科文组织的帮助下，加蓬文化、青年和体育部主导开展了法语扫盲运动，开设了一批识字班，这些识字班的主要学员是来自利伯维尔以外地区的老年人，授课的教员由每个省的国民教育主管部门派出，组织方式以夜课为主。

1992年1月，加蓬再次召开成人教育研讨会，专门讨论对农业生产人员开展的文化扫盲工作。这次成人教育研讨会强调，国家发展学院将重点开展成人教育、农业生产、城镇发展三个方向的教师培训工作。1992年6月，为了解工农业生产领域劳动者的学习需求，加蓬政府进行了一次大规模调研，来自加蓬橡胶业发展公司、加蓬农业和畜牧业发展公司和加蓬综合产业公司的344人参与了此次调研。在所有参与调研人员中，58.7%的人上过学，但企业之间差异显著：来自加蓬农业和畜牧业发展公司的89名工人中有93.3%的人上过学；来自加蓬橡胶业发展公司的85名工人中有90.7%的人上过学；而来自加蓬综合产业公司的170名工人中仅有24.7%

---

[1] 初等基础教育学业证书在《21/2011法》中改名为初等教育学业证书，为小学毕业取得时的学历证书。

的人上过学。劳动者对于接受文化教育的需求十分迫切，有 83.4% 的调查对象表示，参加文化和技术课程有助于帮助其获得更好的工作岗位，改善生活条件（持该观点的人中，加蓬农业和畜牧业发展公司的调查对象占比 20.6%，加蓬橡胶业发展公司调查对象占比 41%，加蓬综合产业公司调查对象占比 41%），在所有参与调研的劳动者中，86.6% 的人希望政府开设成人教育机构。[1] 根据这一调研结果，加蓬政府在 3 个省份分别建立了 3 所技能培训中心。

2015 年，联合国教科文组织和加蓬文化部共同组织了一场研讨会，研讨会的主题包括成人功能型扫盲教育的模块式教学、扫盲教育能力指标体系、扫盲教育起步阶段教学参考资料、扫盲学习证书体系等。

二、成人教育的现状

（一）扫盲教育中心

加蓬扫盲教育中心开展的活动主要分为两类，一类为针对 14—17 岁辍学青少年的传统扫盲教育，教育内容涵盖从小学学科教育到职业培训的整套知识和技能，主要目标是教会学员读书、写字和相应的谋生技能，学制一般为 2 年。另一种为主要针对成年人，特别是不会算术的成年人的功能性扫盲教育，帮助他们解决日常生活中因不识字、不会算术而带来的问题。经过短期学习后，这些成人学员可以在购物时计算物品价格。

国民教育部在加蓬全国各地共开设了 13 个文化所，文化所定期举办识字班、电影放映和文艺活动。[2] 除了国家设立的具有扫盲职能的机构外，社

---

[1] 资料来源于联合国教科文组织官网。

[2] 资料来源于联合国教科文组织官网。

区扫盲教育中心也是组织扫盲活动的重要主体。2015 年，全国共有 19 家社区扫盲教育中心，这 19 家社区扫盲教育中心学员共计 700 余名，其中 66% 为女性，教员共计 74 名。[1] 除了公立机构外，教会和民间社会团体也是扫盲教育的积极参与者，其中，天主教教会和国际宣道会团契 [2] 各开设了 1 家扫盲教育中心，民间社会组织（包括政治团体、非政府组织等）开设了 4 家扫盲教育中心。这些分布在农村和城市地区的各类扫盲机构共同致力于提高国民文化水平。除了农村和城市地区的扫盲教育中心外，加蓬从 2005 年开始在俾格米人居住的丛林地区建立扫盲教育中心，帮助这些地区的少数族裔开展扫盲活动。

扫盲教育中心的女性学员多，男性学员少，这样的性别分布主要有两个原因。一是老年男性不愿意接受年轻教员的指导。二是这些老年男性认为不识字没有对其生活造成不便，日常生活中他们已习惯于求助他人来了解社会动向。

扫盲教育中心和普通小学一样，也是以学年为教学周期并建有学员成绩档案。当学员文化水平达到第 4 级时（约等于小学二年级水平），扫盲教育中心会给学员颁发证书，凭此证书学员可以进入妇女就业中心等其他培训中心进一步学习工作技能。

除了基本的识字、计算等课程，加蓬还致力于对文盲人群进行基本的文化素质教育。例如，加蓬与法语国家组织共同发起了一个文化普及项目，通过在大城市周边建设文化中心，让尽可能多的文盲人群接受现代文化的熏陶。文化中心的文化活动激发了学员的学习兴趣，并使非学历教育成为公民教育的重要组成部分，推动达成终身教育的目标。

在多年的努力下，加蓬的文盲率不断下降。独立初期，加蓬的文盲率为

---

[1] M'OBIANG D M. Socialisation et scolarisation: mode d'emploi de l'éducation non formelle en Afrique[J]. Trayectorias humanas trascontinentales, 2007: 100.

[2] 国际宣道会团契，英语：Alliance World Fellowship，法语：Alliance Chrétienne et Missionnaire。

80%，2012 年，加蓬 15 周岁以上居民的文盲率为 17.7%。该数据在 2018 年降低至 14.2%。[1]2018 年，加蓬不同群体识字情况见表 8.1。[2]

表 8.1　2018 年加蓬人口识字情况 [3]

青年人文盲人数	37 498
女性青年识字率	41.5%
成年人文盲人数	204 631
成年女性文盲率	52.8%
老年人识字率	66.9%
老年女性文盲率	73%

（二）针对俾格米人的扫盲教育

目前，加蓬大部分人口已被纳入现代教育体系，但推行全民扫盲工作时，俾格米人始终是国家教育发展的难点。俾格米人是中非地区最早的居民，是史前桑加文化的继承人。联合国教科文组织 2002 年的一项调查显示，约 93.1% 的俾格米人没有办理出生证明，99% 的俾格米人为文盲，90.6% 的俾格米学龄儿童并未上学，每对俾格米夫妇平均生育 8—10 个子女，但婴幼儿死亡率很高。目前加蓬境内约有 1.5 万—2 万俾格米人，他们过着原始生活，但仍与外界保持了一定的往来，他们用猎物、菌类、蔬菜和药材与外界交换生活所需的食盐、火柴、衣物等。[4]20 世纪 30 年代，法国殖民政

---

[1] 资料来源于世界银行官网。

[2] 数据来源于 Knoema 世界和地区统计数据集官网。

[3] 此处，青年人年龄为 15—24 岁，成年人年龄为 15 岁以上，老年人年龄为 65 岁以上。文盲标准为不能够认识简单文字或不能够书面记录日常生活中简单事件。

[4] 资料来源于联合国教科文组织官网。

府采取措施引导俾格米人习惯定居生活。加蓬独立后，政府再度推进俾格米人定居计划，并致力于提高俾格米人的文化水平。但由于政府忽视了配套政策的制定工作，教学手段和教材没有针对性，相关工作推进困难。1997年，在联合国教科文组织的资助下，奥果韦–伊温多省的梅坎博市开设了两家针对俾格米人的扫盲教育中心，并提供免费教材。2005年，上奥果韦省的俾格米部落中也开设了扫盲班。

从20世纪末开始，加蓬决定加强对俾格米人的教育工作，加大财政支出。加蓬建立了俾格米人的专门学校，编写了针对性教材，教育支出约达160万美元。[1]针对俾格米人的教育计划不仅得到了加蓬政府和其他国家的资金支持，而且也获得了在加蓬从事森林开发工作的相关企业的支持。这些企业希望通过资助俾格米人的教育事业来弥补过度开采森林资源对俾格米人生存环境造成的伤害。该计划的首要任务是培养师资。加蓬政府在俾格米人部落内部培养教员，使其能够教授识字课、文化课、卫生课等多种课程。从1996年开始，加蓬使用由拉彭达·沃克[2]基金会资助出版的《语言速成》语言学习教材，该教材使用法语和民族语言编写，加蓬政府把这一教材应用于俾格米人的扫盲班上。最近几十年，随着加蓬社会经济的发展，俾格米人逐渐走出丛林，少数俾格米人已经上学接受教育，进入农村甚至融入城市生活，但绝大多数俾格米人仍留在雨林之中，针对俾格米人的扫盲教育任重道远。

---

[1] 资料来源于国际通讯社（Inter Press Service）官网。

[2] 拉彭达·沃克，加蓬作家、民族志学家，天主教神父和传教士。沃克撰写了大量有关加蓬语言和文化的文章。拉彭达·沃克基金会以其名命名，同时也是加蓬本地一家文化和出版机构。

第二节 成人教育的特点和经验

一、成人教育的特点

作为非学历教育的重要组成部分，加蓬的成人教育，特别是扫盲教育取得了很大的进步，呈现出成果稳定、功能结合和机构多元三大特点。

（一）扫盲成果的稳定性

加蓬的扫盲工作在不同时期呈现出阶段性的发展特点，最开始进展缓慢，后逐步发展，进入 21 世纪以来，扫盲成果显著，并趋于稳定。2012 年，加蓬全国识字人口比例达到 82.28%，2018 年，上升到 85.85%，基本呈现出稳中有进的状态，扫盲教育的效果总体保持稳定。[1]

（二）传统成人教育和成人功能教育相结合

一方面，加蓬在农村和落后的丛林地区为当地的老人和妇女开设识字班，建立扫盲班和小学教育的能力标准对应体系，另一方面，加蓬也注重发展功能性教育，在扫盲教育之后提供职业培训的机会，帮助在扫盲班取得一定文化成绩的成年人后期进入成人教育中心继续接受基本的职业培训，巩固扫盲教育成果的同时，为社会边缘化群体提供融入社会、创造价值的机会。

---

[1] 资料来源于世界银行官网。

（三）扫盲机构多元化

在教育财政预算有限的背景下，加蓬政府需要在发展学历教育还是发展成人扫盲教育之间做出选择。和非洲大多数国家一样，加蓬政府选择的是重点扶持学历教育。扫盲教育作为非学历教育的组成部分并未获得足够的政府支持，因此，扫盲教育的实施主体多是民间机构和国际组织，在教学主体方面呈现出多元化的特色。除了国民教育部在各地设立的文化所之外，社区、教会、政治团体、国际非政府组织也在加蓬开设各种扫盲教育中心，或积极资助这些机构开展活动。

二、成人教育的经验

开展扫盲教育工作，减少文盲人口，能提高人口素质、消除地区贫困、推动社会经济发展、维护社会稳定。在几十年的扫盲教育中，加蓬取得了阶段性的成果，积累了一定的经验，主要体现为政府与民间力量、国际组织积极合作，保护和传承本地语言，开发适合本国国情的扫盲软件。

（一）政府与民间力量、国际组织积极合作

除国民教育部开设的文化所之外，民间力量和国际组织参与加蓬成人教育，解决了政府教育经费投入不足的困境。国内外各类组织、机构、协会纷纷参与加蓬的成人教育，如联合国教科文组织、联合国儿童基金会、非洲开发银行、法语国家组织等。

2013年11月，日本在加蓬的恩冈伯耗资3 300万西非法郎援建了一家扫盲教育中心，这家扫盲教育中心有一栋两层的楼房，设3间教室、1个卫

生间和 1 个多功能厅。此外，法语国家组织也在加蓬发起了文化普及项目，帮助加蓬建设阅读文化中心，提供图书，其中很多都是语言入门级读物，适合文盲学员扫盲学习初期的学习水平。这些都是加蓬能够持续推进扫盲教育的重要因素。

（二）保护和传承本地语言

加蓬的官方语言是法语，扫盲教育以法语为主要教学语言。但加蓬是一个多民族语言国家，有大量人群使用芳语、姆庞奎语、尼亚比语等。加蓬在教材的设计和选择上考虑到了不同民族、不同地域人群的需要。例如，很多扫盲机构使用《语言速成》教材，该教材采用加蓬使用度最广的 9 种语言编写，旨在保存和推广加蓬的技术和文化遗产，对本地语言的传承和教学尤为关注。法语和本地语言并重的教材使加蓬的扫盲教育能够面向尽可能多的文盲，扩大扫盲教育的覆盖面，对传承和保护地方语言起到了积极作用。当然，该教材的部分内容已落后于时代发展，因此加蓬在探索符合现代教学理念的新教材。

（三）开发和应用扫盲软件

扫盲教育在信息化时代被赋予更多的可能性，其教学内容和教学手段推陈出新。2013 年 10 月，伊斯兰教科文组织在利伯维尔的国立高等师范学院召开了关于运用信息和通信技术推动扫盲教育的研讨会，加蓬国民教育部的监察员在会上表示，扫除文盲是新兴加蓬战略计划的重要内容，扫除文盲有益于提高加蓬人民的整体素质，信息和通信技术、教育内容和手段的网络化是扫盲教育未来的发展趋势。

"阿尔法识字软件"正是加蓬扫盲教育领域的一个创新之举。这是由加蓬信息–教育–交流项目组与非洲计算机学院合作研发的一款识字软件，该软件通过视听结合的练习帮助学员学习读书写字，其词汇主要涉及医疗、家庭生活、工作等日常场景。该软件既能在后疫情时代下开展远程扫盲教育，又能帮助学员适应现代社会生活和为进入职场工作做准备。

第三节　成人教育的挑战和对策

一、成人教育的挑战

为了提高全民文化素质、降低国民文盲率，独立以来，加蓬投入大量经费扫除文盲，虽然文盲率有所下降，但加蓬的扫盲工作仍然面临着以下三个方面的挑战。

（一）公立扫盲教育资源缺乏

加蓬主要依靠民间力量和国际组织解决成人教育经费投入不足的困境，这固然是借助外力发展自身教育事业的经验，但这也恰恰说明了公立学习中心数量不足的现状。加蓬尚未提出建设"学习型城市"的相关计划，加蓬自身对成人教育发展路径、机构分布、成人教育师资培养等没有明确的规划。越来越多非学历教育活动过度依赖民间组织和国际组织等外部资源来增加学习机会，加蓬成人教育事业发展缺乏后劲。

（二）对女性文盲群体关注度不够

虽然加蓬的文盲率逐年降低，扫盲教育中心学员数量逐年增多，但女性文盲的辍学率非常高。究其原因，一方面，女性肩负家庭事务而无暇接受教育；另一方面，扫盲教育的后期资源有限，可提供的就业前景暗淡，这极大地影响了女性继续学业的积极性。

妇女扫盲工作不是可有可无的。历史证明，妇女是否受教育直接影响到人口增减和民族素质高低。就发展中国家而言，妇女受教育程度的高低与自身就业情况和其子女学业的成败都密切相关。

（三）少数族裔的扫盲教育有待加强

随着原始雨林减少，加蓬的俾格米人的生活环境日趋恶劣，在国家开发林业的过程中，其生活空间受到严重影响，但大部分俾格米人的文化水平低，尚不能转而适应现代社会的工作形式和要求，难以融入现代社会，因而加蓬需加强对俾格米人的扫盲工作。

二、成人教育的对策

联合国教科文组织、联合国儿童基金会、非洲教育发展协会等机构常年关注加蓬成人教育和扫盲活动，针对其发展现状，提出了一系列的建议和意见，这些建议和意见主要涉及以下七个方面：一是对扫盲教育中心加强管理，改善扫盲教育中心教学条件；二是开设新的扫盲教育中心，扩大扫盲教育机构的覆盖面；三是加强师资培训，并注意基础教育的教师培训和成人扫盲教育的教师培训区别度，加强师资培训的针对性；四是做好教学资料、教具的整合、修订、出版和生产工作，编写符合加蓬经济社会发展的新式扫盲教材；五是继续推广"阿尔法识字软件"，在社区建设电脑学习室，便于学员远程学习，适应后疫情时代的学习模式；六是提高文盲人群的社区登记率，有的放矢地开展社区文化教育工作；七是对俾格米人、流浪儿童、服刑人员、单身母亲、农民、渔民等人群开展教育需求调研。[1]

---

[1] 资料来源于联合国教科文组织终身学习研究所官网。

第九章 教师教育

第一节 教师教育的发展和现状

一、殖民时代的师资培训

（一）教会组织的师资培训

最早在法属非洲殖民地建立学校和开设师资培训机构的主体是新教和天主教的教会组织，在当时，这些师资培训机构被称为教员常规班。

教会的教师培训费用由教会承担，学员完成学业后需要为教会服务至少五年。培训学制两年，学员如果在一年内无法跟上学习进度则会被退学。第一年，学员深入学习小学的课程内容，并学习如何指导学生就业。第二年，数学、科学、地理、历史等小学课程内容的课时量减少，教学理论和实践课时量增加，实践课程包括树木栽培、木工等与农村生活密切相关的活动，以及教具制作、教学设备维护、教材装帧等与教学相关的活动。

教会组织的师资培训机构的教育目的是培养更多的传教者和服务者，因此学员除了学习普通的课程外，还需要研读圣经、参加圣事圣礼等，一部分学员虽未接受洗礼，但已笃信教义，即所谓的初学教理者，另一部分人则接受了洗礼。学员完成学业后需要参加一个正式考试，获得私立教育辅导员证书。但获得证书的毕业生仅仅可以成为辅导员，辅导员要继续进修，积累工作经验才可以成为正式教师，正式教师需要完成小学初级教育后再进行4—5年的培训才可上岗，正式教师在后期可代替传教士，并有资格担任学校的校长。

1938年，传教士拉普拉斯在中奥果韦省的兰巴雷内开设了安当德学校，专门培养本地教师。1945年，该校迁至北部沃勒-恩特姆省的欧耶姆，在这里，学生完成第四年学习后可参加职业考试，辅导员可以通过这次考试晋升为正式教师。1947年，该校进行改革，把学制从4—5年缩减为2—3年。该校在录取学生时要求学生必须具备初等基础教育学业证书和传教士的推荐信。

（二）殖民当局的师资培训

1926年11月30日，法属赤道非洲的殖民政府签署法令，要求在每个殖民地国家建立辅导员培训学校，以期为当时学校里的欧洲教师培养助教。在这些辅导员培训学校里，负责培训的教师人数极少，主要由殖民政府官员担任培训教师的角色。报考学生需要持有殖民政府颁发的初等基础教育学业证书。进入辅导员培训学校的学生需要经过一年的实习才可以转正，不达标者可再追加半年的实习期。学校为每一个学员指派一名白人教师指导教学实践。这些辅导员培训学校的毕业生作为助教，主要从事扫盲活动，教授思想品德课程。

法国殖民时期，加蓬共有两种教师：欧洲教师和本地正式教师。欧洲教师由法属赤道非洲联合政府任命，从实习教师做起。在不同的年代，对欧洲教师的资质要求不尽相同，法国的初等基础教育学业证书、初中学业证书和高中毕业会考文凭都曾是入职条件。这些教师候选人经过6个月的实习后参加教师资格考试，考试通过者可以转正。此外，法国本土或阿尔及利亚的教师也可以被借调到法属赤道非洲担任教师。他们保留原先的教职等级，享受原有待遇的同时享受殖民地的教师补贴。而本地教师在职务、薪酬等方面都无法与欧洲教师相提并论，本地教师仅仅是欧洲教师的助手。因此，殖民时代师资培训的目的只是培养"听话"的助手，所培养的本地教师只能全盘接受西式教学方式而不能质疑殖民当局输入的价值观。

二、独立以来的师资培训

20 世纪 60 年代，独立后的加蓬面临的一个重要问题便是如何提高全民教育水平，实现民族复兴。推行全民教育政策需要首先解决师资短缺的问题，国家需要一支能力突出的教师队伍，他们不仅要代替原先的欧洲教师，还要肩负起重塑民族精神、实现民族复兴的使命。因此加蓬采取了一系列措施，改革教师教育体系。

独立后，大量法籍教师离开加蓬，而很多本地教师也离开学校去政府部门担任公务员。这种师资流失现象与 1956 年涉及法国海外领土的《干部法》直接相关，该法提出"干部非洲本土化"的原则，规定本地教师可以代替离职的法国教师进入小学、中学和高校的管理部门，或投身政界。为了解决由欧洲教师和本地教师离职而引起的师资短缺问题，加蓬陆续建立了一批师资培养学校和继续教育学校，这些学校在不同时代名称不同，如辅导员培训班、教学中心、教师培训中心、师范中学等。

（一）从辅导员培训班到教学中心

加蓬第一任总统莱昂·姆巴集中力量推动全民教育和国家干部培养工作，以期实现社会岗位的国有化和本土化。首都利伯维尔的一些辅导员培训班和教学中心承担起师资培训的任务。

辅导员培训班接收持有初等基础教育学业证书的学生，男女不限，通过初中入学考试即可。经过两年的普通教育和教学法培训，学生参加毕业考试，考试通过后获得助理辅导员文凭。助理辅导员可以继续参加职业考试，获得更高等级的教师资质。

1967 年，加蓬政府颁布《1966 年 6 月 4 日法令》，将原有的辅导员培训班改为教学中心。招生对象是在读初中生。学生进行一年的教学理论和实践学习后，需要参加口试和笔试，获得类似师范学校性质的毕业文凭，凭此文凭，毕业生可以担任高级实习辅导员，考试合格后可在下一年度转正。1970 年，这些教学中心再次更名为教师培训中心。

（二）教师培训中心

加蓬政府为了发展教育事业，提高教学质量，使教学与时代接轨，开办了一批教师培训中心。随着社会发展，这些教师培训中心的招生要求不断提高，从要求学员持有初等基础教育学业证书逐步提高到要求学员提供初中在读证明，再到要求学员持有初中学业证书。

从办学性质来看，教师培训中心有公立和教会两种性质。20 世纪 70 年代，加蓬有 4 个城市开设了教师培训中心：首都利伯维尔和恩古涅省的穆伊拉各有 1 所公立教师培训中心，中奥果韦省的兰巴雷内有 1 所大主教教师培训中心，沃勒–恩特姆省欧耶姆有一所新教和公立双重性质的培训中心。[1] 20 世纪 70 年代，在国民教育部部长的推动下，教师培训中心开设了 2 年制的助理教师培养计划，2 年培训期满后，学生可以获得教师培训中心文凭。无论是公立还是教会的教师培训中心，都遵照国民教育部规定的

---

[1] MATARI H, QUENTIN DE MONGARYAS R. Ecole primaire et secondaire au Gabon: état des lieux[M]. Paris: L'Harmattan, 2011: 29.

培养计划开展教学工作，不同的是，教会的教师培训中心还制定了一套内部的教会章程，学生除了学习教学大纲规定的课程之外还要学习一些宗教课程。到后期，这些教师培训中心录取标准以初中学业证书考试成绩为准，并附加了一些其他条件。例如，年龄不超过 20 周岁，拥有加蓬国籍，承诺毕业后在公立学校工作 10 年。

（三）师范中学

1977 年，在国民教育部部长的倡导下，加蓬成立了第一批师范中学。与之前提到的机构不同，师范中学都是公立的，由国家统一管理。在加蓬，由于教会教育和殖民历史紧密相连，因而关于师范中学性质的规定表达了加蓬政府与殖民时代决裂的愿望。

师范中学招生对象为初中一年级学生，其教育目的是使师范生培养工作和普通中等教育以及技术教育接轨，使不同的教育类别之间有同质的培养基础。师范中学、普通中学、技术中学的教学内容基本同质，师范生如果将来不愿从事教师职业，可以从师范中学转入普通中学或技术中学。师范中学学制 7 年，分为前 4 年和后 3 年两个阶段。

第一阶段属于普通教育阶段，师范生所修的科目与普通中学没有太大差异。值得注意的是，根据加蓬政府的要求，师范中学的第一学年不开设普通中学里开设的英语和西班牙语课程。这主要是因为师范中学毕业生学力水平等同于普通高中毕业生，为限制师范生转专业去大学选择一些就业前景更佳、薪酬更高的专业，减少师范生生源流失，国民教育部决定在师范中学教学内容上进行限制。因此，取消外语课程可视为加蓬政府为留住师范生采取的强制措施。

师范生在 4 年的普通教育阶段之后可以获得师范教育证书。持有师范教育证书的学生可以进入教师职业教育阶段的学习。除了持有师范教育证书的学生之外，持有初中学业证书和职业学业证书的学生也可以通过专门的考试后，进入师范教育第二阶段，不同的是，持有职业学业证书的学生还可以参加高级教师培训。

第二阶段共 3 年，前 2 年主要学习教学理论，兼有部分教学实践活动，第 3 年以教学实践为主。第 1 年是公共基础课，课程内容涉及普通高中知识、教育理论、教学实践，使学生学会处理未来教学过程中将面对的三种关系：师生关系、教师和社会的关系以及教师与行政的关系。第 2 年至第 3 年分三个方向：学前教育、初等教育、教育行政管理。完成 3 年学业的学生可以获得初等教育能力证书[1]。

除了师范生的培养工作，师范中学还肩负继续教育的使命，以期提高教师队伍水平，优化基础教学质量，其教学对象为学前教育和小学阶段的在职教员。师范中学提供以下两种模式的在职培训。

第一种针对工作满 3 年的非编制教师[2]，申请者需要参加入学考试，录取后进行为期 1 年的培训，培训完成后，学员可参加教育能力证书考试，考试通过后可申请高一级的正式教师岗位（B 档 B1 级别），如果考试未通过则原来的职称档次不变。

第二种针对工作满 2 年的高级实习辅导员，提供 2 年培训，培训完成后，学员可参加初等教育能力证书考试，考试通过者可以申请助理教师岗位（B 档 B2 级别），考试未通过则原职称档次不变，但可在档次内部调高一个级别。

教师培训中心和师范中学的教员由高级教师、教学顾问和小学教育督

---

[1] 此处的初等教育能力证书 (Brevet de Capacité pour l'Enseignement Primaire) 不同于前文的基础教育能力证书 (Certificat de Capacité à l'Enseignement Primaire)。小学学历者进入教师培训中心，经过 7 年师范教育获得的是初等教育能力证书；拥有高中毕业会考文凭者进入初级教育师范学院，经过 2 年师范教育者获得的是基础教育能力证书。

[2] 非编制教师（instituteur auxiliaire），为合同制中的临时教员或师范学院里尚未获得相关教育能力证书的师范生。加蓬的正式在职教师主要分三类，最高为高级教师（instituteur principal），是学校学科教研组的带头人，也译为主要教师，属于职务体系中的 A 档 A3 级别；次级是正式教师（instituteur titulaire），在职务体系中属 B 档 B1 级别；再次级为助理教师（instituteur adjoint titulaire），资历更浅，为 B 档 B2 级别。高级教师可以申请进入教育行政部门成为教学顾问，或进而申请成为教育督导，前者为 A 档 A2 级别，后者为 A 档 A1 级别，为最高级别。

导组成。教学顾问和小学教育督导一般需要在国立高等师范学院接受 2 年的培训。国立高等师范学院的招生对象是希望成为教学顾问的小学教师，以及希望成为教育督导的教学顾问。

1986 年，经济结构调整和政府预算紧缩促使加蓬政府做出关停教师培训中心和师范中学的决定。国民教育部认为，小学师资已经充足，学校已无法消化更多的师范毕业生。大量教师培训中心和师范中学关停造成了 20 世纪 80 年代末到 90 年代初教师培养和培训工作的彻底停滞。加蓬教师培训空白的情况持续到 1993 年教师教育学校成立才有所好转。

（四）教师教育学校

1993 年 1 月 1 日，教师教育学校成立，这标志着加蓬教师培养和培训工作的恢复。这一时期，加蓬加快民主化进程，这在教师组织上体现为教师工会从单一工会制度向多工会制度过渡。在这一时代背景下，1995 年 4 月 4 日出台的《000290 号》国民教育部文件决定成立一类新的师资培养机构——教师教育学校。虽然文件是 1995 年出台的，但建设教师教育学校的项目早在 1993 年就启动。师资培训中断 7 年的加蓬急需一支高质量、高水平的教师队伍，因此加蓬国民教育部采取了先开工后出文件的特殊措施。

作为一类新的师资培训机构，教师教育学校将入学门槛提高到了持有高中毕业会考文凭。教师教育学校隶属国民教育部的普通教育和师范教育处，由国家教育研究院主管。

第一所教师教育学校是建在加蓬东部的上奥果韦省省会弗朗斯维尔的弗朗斯维尔教师教育学校，该校坚持公立教育和世俗教育的原则。随后加蓬有四所教师教育学校陆续在利伯维尔建立，分别是 1995 年建立的天主教教师教育学校、1996 年建立的初级教师教育学校、2003 年建立的新教教师教育学校和 2009 年建立的基督教联合教师教育学校。

　　申请这些教师教育学校需要具备高中毕业会考文凭，并参加全国性的入学考试，考试通过者才可以在教师教育学校进行为期一年的培训。自2007年开始，国民教育部对教师教育学校进行了重组，重组后的5所教师教育学校规模不等，弗朗斯维尔教师教育学校可招生50名，天主教教师教育学校招生130名，利伯维尔的初级教师教育学院招生350名，新教教师教育学校招生50名，基督教联合教师教育学校招生50名。公立教师教育学校的培养计划由国民教育部制定，教会教师教育学校除了执行国民教育部的培养计划外，还设置了自己的教学方案，增加了宗教类课程。

　　教师教育学校的招生途径一般分为两种，第一种主要针对持有高中毕业会考文凭的高中毕业生，学生完成2年学业后可获得初等教育能力证书，晋升为B1等级的高级教师；另外一种针对希望升入B1等级的B2等级在职教师，学制同样为2年，完成2年学业后可获得初等教育能力证书。师范生一般可以获得每学期198 000西非法郎的奖学金。

　　随着社会发展，教师教育学校进行了改革，延长了学制，并增加了年龄、国籍、身体素质、毕业后服务期限等入学要求，提高人才选拔标准，体现为国选才理念。一般而言，教师教育学校组织的入学选拔考试包括两门笔试和一门口试。笔试科目分别为法语和数学，口试评委由一名督导、一名教学顾问和一名教师教育学校的教师组成。

　　教师教育学校的课程理论与实践并重。理论课除了普通教育的学习内容以外还包括各科目的教学法、儿童心理学、教师职业规范、手工技巧等内容。实践课程分为三个阶段，第一阶段的实习为观察实习，即师范生进入实际的教学活动场景中观察资深教师如何开展课堂教学活动，观察实习让师范生能够学习资深教师的备课笔记、与小学生有近距离接触、了解学校运行方式，有助于他们确定毕业论文或实习报告的选题。第二阶段的实习是在资深教师指导下进行教学实践，深入学习如何开展教学活动。第三阶段的实习是完全由师范生自己担负起一个班级的管理工作，这一次实习涉及教室管理、教具维护、课堂教学、作业批改等各项事务。

随着社会发展，国家对教师队伍的培养提出了新的要求，将师范生录取门槛提高到持有本科文凭。

（五）高等师范学院和技术教育高等师范学院

如果说教师教育学校的主要任务是培养小学教师，那么高等师范学院和技术教育高等师范学院则分别负责培养普通中学教师和技术中学教师。

参照法国的教育体制，中学教师一般须毕业于高等师范学院或技术教育高等师范学院，但加蓬的情况有些特殊，一部分中学教师毕业于高等师范学院或技术教育高等师范学院，但还有一部分教师是通过其他途径上岗的，如通过国家选拔性考试入职，或根据双边协议而被派遣至加蓬。

利伯维尔的国立高等师范学院是该国最负盛名的高等师范学府，肩负着培养优秀中学教师的使命。国立高等师范学院通过考试择优录取学生，报考学生须为加蓬国籍，且持有本科及本科以上级别的文凭。国立高等师范学校还培养教学顾问和督导。持有两年制普通大学学业文凭[1]的学生完成2年师范学习后可获得初中教师资格证书并在初中任教；持有硕士文凭的学生完成2年师范学习后可获得中等教育教师资格证书[2]，可在初中或高中任教。在教学安排方面，学生在第一年学习理论知识，在第二年参加至少3个月的教学实习，申请初中教师资格证书的学生实习结束后需要提交毕业实习报告，申请中等教育教师资格证书的学生需要在实习期间进行理论研究，撰写毕业论文。所有考核通过后，获得相应文凭的师范毕业生由国民教育部派至不同的中学任教。工作5—7年后，这些学生还需要回到高等师范学

---

[1] 获得高中毕业会考文凭后进入高等教育学习两年可获得的一些文凭类型的统称，如工艺学院短期教育文凭、专业技术员文凭等。

[2] 中等教育教师资格证书的等级比初中教师资格证书更高，获取难度更大。如果是在职教师报考中等教育教师资格证书则必须首先持有初中教师资格证书。

院接受职业进修培训。

技术教育高等师范学院的教育分两类。第一类学制 3 年，接收持有技术类高中毕业会考文凭、高级技术员证书的学生或马苏库科学技术大学二年级学生，学生毕业获得技术教育初中教师资格证书。第二类学制 2 年，接收有工作经验的且持有工程师文凭或技术教育初中教师资格证书的学生，学生毕业获得技术教育高中教师资格证书。

（六）1997 年的"1 200 人计划"和 2006 年的"501 人计划"

由于学龄儿童激增而师资力量明显不足，1997 年，加蓬国民教育部推出了"1 200 人计划"，以期培养 1 200 名高级教师和助理教师。该计划采取公开考试的方式选拔申请者，申请者必须具备初中学业证书或高中毕业会考文凭，高二和高三年级的学生也可参加。[1]考试科目为法语和数学，两科成绩均达到参加者平均分的申请者可入选计划。入选者需要进行 9 个月的培训，前 3 个月为理论学习，后 6 个月为教学实习。2006 年，加蓬推出"501人计划"。和"1 200 人计划"不同的是，"501 人计划"培训结束颁发的是初中学业证书或同级别文凭，结业人员可担任 B2 级别的教职。出于稳定地区师资的考虑，"1 200 人计划"和"501 人计划"的申请者都必须在培训后回原籍工作满 5 年才可以变换工作地点。这一规定从一个侧面反映了加蓬为缩小城乡差异、缓解乡村学校师资短缺问题的努力。

（七）非师范教育的教师培训

除了学历师范教育外，加蓬还有另一种形式的教师培养模式——非师

---

[1] 具备初中学业证书者、高二、高三在校生申请的是助理教师职位，具备高中毕业会考文凭者申请的是高级教师职位。

范教育。加蓬的私立机构提供不同门类的专业培训，如学前教育、保健、汽车修理、电工、建筑、木工、计算机、缝纫、家政、商务、会计、美容美发等，教师培训也在这些机构的教育范围内。学生报名时须为初一、初二年级的学生。

这些职业培训机构所提供的教师培训有 1 年和 2 年学制。以 2 年学制为例。第一年为针对具体学科的特殊教学法和普通教学法理论课程，以期帮助学员了解小学课程和一般教学方法。第二年为实践环节，学生在职业培训机构指定的私立学校里实习，并撰写实习报告。完成各类学习任务后可获得结业证书，到私立学校担任教师。私立学校和公立学校招聘的区别在于前者自行组织考试选拔应聘者，后者通过全国性的招聘考试选拔应聘者。

除了上述公立和私立机构招聘的有资质的教师之外，还有一小部分"教师"群体也值得一提，加蓬国民教育部称其为"教学助手"。其职能类似于殖民时期的辅导员，他们在学校任教却没有执教资质，一般由本地教育部门临时招聘，在农村地区工作，以缓解农村师资力量严重不足的问题。

第二节 教师教育的特点和经验

一、教师教育的特点

师资力量的培养情况一定程度上决定了国民是否能够接受到高质量的教育。正是因为意识到师资培养对提升国民教育质量的重要作用，加蓬在独立后大力发展教师教育，形成了以中等教育机构为主的教师培养体系以及教师队伍差异化的特点。

（一）以中等教育机构为主的教师培养体系

加蓬的教师培养工作主要集中在中等教育机构，也有少量教师是在中等教育之后的专科学校中学习并取得教师资格的，师范教育机构对教师培养事业的贡献仅停留在为小学教师培训机构培养教师的层面，培养中学师资的能力不足，目前，加蓬国内培养中学及以上师资的师范学校仅有国立高等师范学院和技术教育高等师范学院。

（二）差异化的教师队伍

由于加蓬在不同历史时期存在不同的教师培训机制，因而教师和教师之间的学历和学位情况差异相当大，主要包括以下几种学历和学位情况：由教师培训中心培养的，持有教师培训中心文凭的教师；由师范中学培养的，持有初等教育能力证明的教师；由教师教育学校培养的，持有初等教育能力证书的教师；由高等师范学院或技术教育高等师范学院培养的初中和高中教师；通过"1 200 人计划"和"501 人计划"招录的教师；私立培训机构培养的教师；各地自行招聘、在乡村地区工作的"教学助手"。

由于来自不同培养机构，处于不同学历层次，加蓬的中小学教师队伍呈现出差异化的发展趋势，不同教师的薪资待遇、教学理念和教学质量也有较大差异。

二、教师教育的经验

（一）自主培养教师队伍，发挥教师工会的作用

独立之后，加蓬意识到教育对民族振兴的重要作用，开始依靠自身力

量发展教师教育。加蓬独立后培养的教师不仅代替了原先的欧洲教师，还肩负了重塑民族精神、实现民族复兴的使命。辅导员培训班、教学中心、教师培训中心、师范中学、教师教育学校、高等师范学院、技术教育高等师范学院，这些都是加蓬对教师教育发展模式的探索。与此同时，非师范类的私立教育机构也在其职业教育中开展了师资培训的内容。从 20 世纪末，加蓬通过"1 200 人计划"和"501 人计划"不断扩充本土师资队伍，满足中小学教育发展的需求。国家公开招聘、教育机构内部选拔、地方临时招聘等雇佣途径造就了加蓬差异化的本土教师队伍，充足的师资为普及基础教育提供了必要条件。

随着教师队伍人数增长，加蓬教师工会蓬勃发展，工会致力于提高教师待遇，改善教师工作环境，为教师争取参与学校治理的权利。教师工会以协商、罢课等形式对相关教育政策提出反对意见，制衡了国家教育管理者的权力。

（二）提高教师薪资水平，改善教师生活条件

1983 年全国教育大会之后，提高教师工资待遇成为教育改革的一项重要任务，但当时国家没有更多资源关注教育事业。直到 20 多年后，全国公立和私立学校教师工会组织罢工，提出提高薪资水平的要求，教师待遇的问题才再一次提上政府日程。21 世纪初，公共职能部开始改革，这一轮改革虽没有直接提高工资待遇，但根据教师学历重新调整了工资系数标准，使其更加合理。

20 世纪末，加蓬的货币一度贬值近 50%，这极大地影响了包括教师在内的大部分国民的生活质量，发放补贴和津贴成为改善教师生活的重要措施，这一定程度上缓解了教师基本工资不足的问题。一般情况下，教师教育学校的学生毕业入职后可拿到 117 000—118 000 西非法郎的基本工资，加

上津贴和补贴，月收入可达到 280 000 —300 000 西非法郎。在转正定级前，实习生不能拿到全部的津贴，但一旦转正后，可补齐此前未发的所有津贴。

教师待遇的提高吸引了本土优秀人才加入教师队伍，并极大提高了教师的工作积极性，对加蓬教育发展产生了积极的影响。但值得注意的是，并非所有教师都属于能享受以上工资待遇和补贴津贴的公务员序列，辅导员和"教学助手"往往由地区招聘，不能享受相关补贴津贴，但辅导员和"教学助手"恰恰担负了加蓬农村地区繁重的教学任务，教师待遇的差别化对待打击了这一部分教师的积极性，进而导致城乡教育差距加大，影响了教育公平性。

第三节 教师教育的挑战和对策

一、教师教育的挑战

尽管加蓬不断建立各类教师教育机构和培训机构，并致力于提高教师薪酬待遇，但教师职业吸引力仍然不足，师范生的从业意愿不强、积极性不高，教师教育相关机构的招生数量难以维持现有规模。

教师意见调研结果显示，"避免失业"和"难以继续高等教育学业"成为师范生选择教师职业的首要原因，约占调研总人数的49%。[1] 可见，很多青年人并不是抱着教书育人的职业理想选择就读师范类院校，而只是把做教师当讨生计的无奈方式。66% 的调查对象认为，教师已经不再是受社会尊敬和认可的职业，教师的社会认可度急剧下降，女性调查对象持这一

---

[1] MATARI H, QUENTIN DE MONGARYAS R. Ecole primaire et secondaire au Gabon: état des lieux[M]. Paris: L'Harmattan, 2011: 82-93.

观点的比例明显高于男性调查对象。以国立高等师范学院为例，该校难以招收到足够的学生。2009 年，国立高等师范学院的初中教师资格证书和中等教育教师资格证书两类课程的计划招生人数和实际招生人数见表 9.1 和表 9.2。[1] 可以看到，相较于文科，理工科的计划招生人数更多，这主要与加蓬国内急缺理工科教师的现实情况密切相关，但所有学科的招生计划都不超过 30 人，且大多数学科都没有招满。

表 9.1 2009 年加蓬国立高等师范学院初中教师资格证书课程招生情况

学科	计划招生人数	实际招生人数
法语	10	5
英语	20	5
西班牙语	20	5
艺术教育	15	5
数学	30	6
物理	30	5
自然科学	30	5
历史、地理－公民教育	20	5

表 9.2 2009 年加蓬国立高等师范学院中等教育教师能力证书课程招生情况

学科	计划招生人数	实际招生人数
法语	10	10
英语	20	1

---

[1] MATARI H, QUENTIN DE MONGARYAS R. Ecole primaire et secondaire au Gabon: état des lieux[M]. Paris: L'Harmattan, 2011: 135-136.

续表

学科	计划招生人数	实际招生人数
西班牙语	15	10
数学	30	1
物理	30	2
自然科学	20	10
经济和社会科学	20	10
哲学	10	5
历史、地理–公民教育	30	15

二、教师教育的对策

加蓬不断出台政策，一方面，提高教师薪资待遇从而吸引更多的师范生，另一方面，修改教师教育培养计划，提高教学质量，培养充足且具有国际视野的教师以缓解全国师资数量不足的困境。

在提高教学人员和科研人员薪资待遇方面，加蓬教师属于公务员，理论上，从入职开始，教师就享受公务员的工资待遇，经过一年的实习期，合格者可以转正，针对部分教师未能转正而无法享受公务员待遇的情况，加蓬公共事务部不断与教师工会协商，以逐步解决这一全国性的教师编制问题。

在修改高等师范学院和技术教育高等师范学院培养计划方面，加蓬努力使培养计划适应本—硕—博高等教育体系的要求。从 2007—2008 学年开始，加蓬正式在各大高校实行本—硕—博高等教育体系，以便使本国教育和欧洲高等教育接轨。高等师范学院和技术教育高等师范学院作为加蓬培养中学教师的重要摇篮，在其师范教育培养计划中体现了这一变化，以期提高教师培养国际化程度。

第十章 教育政策

第一节 政策与规划

一、教育政策制定背景

（一）20 世纪 60—90 年代：过往的桎梏和独立的激情

在独立最初的 30 年里，加蓬的教育发展道路徘徊在循旧和革新之间。1964 年，教育体系改革呼声渐高，人们期待迅速提高教育质量，让全国所有儿童不分性别和出身，都能无差别地享有受教育的权利。改革的具体内容为更新教学大纲和教材、编写习题册、更新教具，使教学内容和方法更符合加蓬的实际情况。[1] 初期的改革措施并没有使加蓬教育体制和殖民时期遗留的教育传统完全割裂，改革者们转而从教育立法方面进行尝试。1966 年的《16/1966 法》提出儿童和成年享有相同的教育权，6—16 周岁的加蓬人享受免费教育，男女平等，并对教育阶段分类和入学条件等做出规定。可以说，这项法令是加蓬与殖民时期教育制度决裂的独立宣言。但

---

[1] NZIENGUI D C. Introduction de l'histoire de l'éducation au Gabon[M]. Paris: Harmattan, 2008.

直至20世纪80年代，加蓬的教育体系和行政管理模式仍然基本照搬法国模式。

1975年召开第七届全国教育督导研讨会、1976年成立教育改革和教育革新全国委员会、1978年成立分科教育委员会、1979年召开加蓬民主党第二次代表大会、1979年召开第八届全国教育督导研讨会、1979年成立公共科目教育委员会等都展现了加蓬政府和教育界人士为教育改革所做的调研和前期准备工作，其讨论重点多是如何发展加蓬的现代小学教育。

1983年的全国教育大会是加蓬教育改革史上的重要里程碑。这次大会的主题为"质量与数量"，即如何协调人口增长与教育资源紧张的问题，如何解决学生培养与现实发展需求的问题。时任国民教育部部长在大会上强调："我们在教育中走错的路，有的是因为没有充分考虑到人才培养与工作实际的结合，有的是因为让学生关注发达国家多于关注本国实际，有的是因为教育过于理论化，而忽视了实践。"[1] 这段讲话展现了加蓬政府对以往教育政策的反思。此次大会决定取消小升初入学考试，在中学教育第一阶段设置公共科目，在分科前大力提高学生的教育和文化水平。但此次大会的很多决议和计划都被搁置了，高等师范学院依然缺乏官方的培养计划，各教育阶段师资数量严重短缺。

（二）20世纪90年代至2010年：步履维艰的探索之路

20世纪90年代至2010年是加蓬社会和政治激荡的20年，教育系统也被席卷其中。教育发展的需要和社会发展的变迁迫切要求非洲法语国家改革教育体系，培养高素质人才。这一时期，教师培养、基础设施建设、能力导向教育法的引入和实践工作等是加蓬教育发展的重点。

---

[1] Ministère de l'Éducation. Compte rendu des états généraux de l'éducation et de la formation[R]. Libreville: Ministère de l'Éducation, 1983.

1993 年 3 月 8 日颁布的《20/1992 法》提高了教职人员的社会地位和工资待遇，明确了教育系统人员的福利和权利。2008—2009 年，加蓬政府和教师工会等组织经过多次协商，确定了国民教育系统内的教师绩效奖金制度，但教师绩效奖金对于提高教师生活水平而言只是杯水车薪，学前教育到中等教育的师资力量短缺问题依然严重，全国的教学条件也没有从根本上得到改善，大城市里人口激增导致的进城务工人口子女的教育问题始终没有得到解决。

但这一时期，加蓬在小学教学大纲改革方面取得了一定进展。在 21 世纪的头十年，在法语国家组织的帮助下，加蓬以能力导向教学法为原则重新编写了小学教育的教学大纲。[1] 但有学者认为能力导向法只是一个教育"神话"，是用来吸引公共经费的幌子。[2] 教学大纲改革的工作仅限小学教育，学前教育和中学教育阶段的教学大纲改革工作未能完成，学校的教学语言始终是法语，培养教师、编写习题册、改善教学条件等问题仍未解决。部分学者甚至直言，总体而言，加蓬的教育体制仍是 20 世纪 50—70 年代法国教育体制的复制品，由此可以看到加蓬的教育改革步履维艰。

（三）2010 年至今：新世纪的希望

2010 年 5 月，加蓬召开了以"社会需求–培训–就业"为主题的全国教育大会。2010 年的加蓬全国教育大会作为加蓬实行本—硕—博高等教育体系后的第一次教育改革，是对普通教育、职业技术教育以及科研领域的一次"会诊"，此后，加蓬的教育改革主要集中在基础教育阶段。学前教育和

---

[1] OUÉDRAOGO S. Économie de l'éducation: propédeutique, guide de recherche et d'auto-formation[M]. Paris : Les Persée, 2010.

[2] CROS F. Les réformes curriculaires par l'approche par les compétences en Afrique[R]. Brazzaville: Actes des Assises sur les réformes curriculaires, 2010: 55-63.

小学教育阶段改革的主要内容涉及管理、课程大纲和教学实践能力三个方面，改革的具体要求体现在《21/2011法》里。中学教育改革的目标是使毕业率达到80%。职业技术教育的改革主要集中在管理、基础设施、师资三个方面。

进入21世纪以来，加蓬加大了对学前教育和基础教育的支持和改革力度，同时对各个学习阶段的学历考试和证书认定方式进行调整，力图提高教育质量，实现教育公平。本章以加蓬在21世纪颁布的一些与教育相关的重要行动方案、法律、法规为例，介绍其颁布背景和主要内容，展现加蓬教育的导向和发展趋势。

二、《加蓬全民教育行动计划》

2002年，加蓬政府颁布《加蓬全民教育行动计划》，以期进一步落实1990年世界全民教育大会提出的"全民教育"理念，以及将2000年联合国教科文组织世界教育论坛的决议付诸实践。

《加蓬全民教育行动计划》是加蓬颁布的第一个全国性的全民教育的纲领性文件。该文件包括两大部分。第一部分对加蓬的地理、政治、经济和文化现状做了简要介绍，并对婴幼儿托管、学前教育、基础教育、职业技术教育、成人扫盲教育的发展现状进行了概括介绍和分析，对女性受教育的规模、各类机构数量、师生数量的信息进行了整理。第二部分针对教育质量、行政管理、教育财政问题进行分析，重点讨论了不及格率、生师比、教具设备、教职人员积极性等问题。该计划将加蓬全民教育发展分为短、中和长期三个阶段，短期阶段为2003—2005年，中期阶段为2006—2010年，长期阶段为2011—2015年。

针对三个阶段，提出了以下发展目标。第一，保护低龄儿童受教育的权利。第二，至 2005 年，使小学和中学阶段的女童失学率减半，保证男女生完全平等的受教育权利。第三，满足所有成年人的教育需求，提供适合其实际情况的教育形式，使其具备满足日常生活需求的能力。第四，至 2015 年，使文盲人口减少一半，保证成人可以享受继续教育的权利。第五，至 2015 年，让包括女童、残障儿童、少数族裔儿童在内的所有儿童都能接受高质量的小学义务教育，并完成小学学业。第六，全面提高教育质量，尤其是提高阅读、写作、算术等与日常生活息息相关的科目教学质量。第七，使学生群体中的性病和艾滋病感染率减少 75%。

针对各项发展目标，文件列出了具体困难，并提出了应对策略以及预期成效。

《加蓬全民教育行动计划》旨在普及学前教育和基础教育，为加蓬学前教育和基础教育在 21 世纪的头 15 年的发展确定了方向。2015 年，在《加蓬全民教育行动计划》设定的长期阶段年限到来之际，加蓬对全民教育发展情况进行了一次回顾，并发布了《加蓬全民教育 2015 年检查报告》。该报告逐条对应《加蓬全民教育行动计划》提出的目标，梳理了全民教育所取得的成绩，并对新的社会经济发展背景下全民教育的走向提出意见和建议。《加蓬全民教育行动计划》和《加蓬全民教育 2015 年检查报告》体现了加蓬对普及基础教育的重视，加蓬之所以成为撒哈拉以南非洲国家和地区中基础教育入学率最高的国家之一，与国家制定计划和分步骤实施密不可分。

三、教育基本法——《21/2011 法》

《16/1966 法》中关于教育、培训和科研事业的部分规定已无法为 21 世纪的教育事业发展提供指导。为此，2012 年 2 月，加蓬颁布了《21/2011 法》。《21/2011 法》全称为《关于教育、培训和科研的总体导向的 21/2011

号法》。该法共分为九大部分。

第一部分为教育、培训和科研的基本原则。具体包括教育的免费原则（即加蓬 3—16 岁的儿童和青少年享有义务教育的权利）、教育的世俗化原则（但也允许教会学校存在）、教育的政治中立原则、教育的公平原则（即加蓬公民不论宗教信仰、政治立场、种族和性别都平等地享有受教育的权利）。该法还确定了教育的基本使命，各教育阶段人才培养的总体要求，明确法语作为教学语言的地位、关注语言教育国际化的同时突出本地语言的重要性。

第二部分明确教育行政机构包括中央和地方两级。教育行政机构在本书第十一章中具体介绍。

第三部分定义了各类教学和科研机构，并对学前教育、基础教育、高等教育的基本设施做出规定。

第四部分规定了师资队伍的构成、教师资质及学历要求。

第五部分规定了各阶段教育的学制和授课时间。这一部分规定较为细致，例如，学前教育和基础教育阶段一学年为 32 周，学年结束有 3 个月的假期。学前教育阶段每天上午 4 节主课，下午 2 节文体活动课；小学阶段每天上午 4.5 小时主课，下午为 1 小时习题课、1.5 小时的主课和 1 小时的文体活动课。

第六部分规定了人才培养的路径和分流方式。例如，小学阶段考试中不及格的学生经过学校学业委员会的研究和审核后，12 周岁以上的儿童可以选择接受基础职业技能教育，或选择体育特长生培养路径；智力确有缺陷的儿童，可以转入特殊教育机构。再如，无法跟上学业的高中生可以转入职业教育或体育培训学校。此外，第六部分还明确规定学生在校阶段被投保的保险种类、严格禁止体罚学生、禁止在教育机构内销售有害有毒物品、禁止师生持有枪支器械等。

第七部分为教学质量保障机制。为保证教育、培训和科研的学术质量和伦理导向，加蓬成立了教育质量保障委员会，监督各阶段教育的培养方案和师资进修培养计划的情况。

第八部分为公立和私立教育机构合作相关内容。该部分规定，加蓬境内的任何私立教育、培训和科研机构必须与政府签订合作协议。加蓬政府为公私合作的教育机构提供税收、租金等方面的便利。

第九部分为相对于之前法律法规的变动和过渡性政策。例如，取消初中入学考试；持有初中学业证书即可进入高中；高中毕业会考分笔试和面试两部分；对学业有困难的学生逐步取消退学政策，而采取分流进入职业教育的方式。

《21/2011 法》是加蓬进入 21 世纪后对教育、培训和科研事业制定的纲领性规定，是加蓬目前教育领域的权威性法律。

四、奖学金政策的有关规定

加蓬在发展教育的过程中重视建立和完善奖学金制度，认为奖学金是促进教育和社会公平的重要途径。2012 年 9 月 26 日，加蓬通过《0404/PR/MENESTFRSCJS 号规定》，该规定全称为《加蓬学生在境内外学习的奖学金评定、发放、取消等规定》。文件明确规定了在本国学习和赴他国留学的奖学金申请条件、分类、支付方式、撤销条件，奖学金共分 7 大类，涵盖了从基础教育、高等教育和职业教育的大部分人群，具体分类见表 10.1。

表 10.1 加蓬奖学金分类

类别	对象
A	加蓬的初中生和高中生。
B	特殊类型学校学生，如让蒂尔港的商业职业学校、欧耶姆的农村发展学校、利伯维尔的书记员专科学校、利伯维尔的保险学专科学校学生。
C	高等教育第一阶段：在加蓬或在国外求学的工程师教育预科阶段、高级技术员证书教育、工艺学院短期教育、本科阶段、初级教育师范学院学生。
D	高等教育第二阶段：在加蓬或在国外求学的硕士研究生、工程师教育的第 4 年和第 5 年学生。
E	高等教育第三阶段：在加蓬或在国外求学的博士研究生。
F	优秀学生奖学金，满足下列条件之一： ·获得加蓬高中毕业会考文凭且平均分不低于 13 分，或在国外获得高中毕业会考文凭并获得"良好"等级，正申请高等教育第一阶段； ·获得本科学位或同等级文凭且平均分不低于 13 分，正申请高等教育第二阶段； ·获得硕士学位或同等级文凭且平均分不低于 14 分，正申请高等教育第三阶段。
G	卓越奖学金，满足下列条件之一： ·获得加蓬高中毕业会考文凭且平均分不低于 15 分，或在国外获得的高中毕业会考文凭并获得"优秀"等级，正申请高等教育第一阶段； ·获得本科学位或同等级文凭且平均分不低于 16 分，正申请高等教育第二阶段； ·获得硕士学位或同等级文凭且平均分不低于 16 分，正申请高等教育第三阶段。

　　A 类和 B 类奖学金每学期发放一次，C、D、E、F、G 类奖学金每个月发放一次，但 F 和 G 类奖学金只面向在加蓬本国就学的学生，在国外留学的学生不能申请。各类奖学金发放标准根据类型和就学地域而各有差异（见表 10.2）。[1]

---

[1] Ministère de l'Éducation nationale. Décret n°0404/PR/MENESTFPRSCJS[R]. Libreville: Ministère de L'Enseignement supérieur, de la Recherche et de l'Innovation technologique, 2012: 5-6.

表 10.2 加蓬各类奖学金在不同就学地区的发放标准 [1]

单位：西非法郎

就学地区	A	B	C	D	E	F	G
加蓬	8 000	29 000	83 000	98 000	130 000	166 000	332 000
非洲法郎区之外和马格里布地区	—	—	165 000	192 500	253 000	—	—
南部非洲地区	—	—	220 000	164 000	308 000	—	—
中东	—	—	275 000	330 000	385 000	—	—
欧洲	—	—	297 000—460 100	352 000—482 000	407 000—541 200	—	—
南美洲	—	—	297 000	352 000	407 000	—	—
北美洲和大洋洲	—	—	425 800	455 800	498 800	—	—
亚洲	—	—	275 000—460 100	330 000—482 000	385 000—541 200	—	—

　　被知名学府录取的学生获得奖学金后，注册费和学费由国家承担。在国外留学的加蓬学生获得奖学金后，或加蓬学生被其他国家或地区的高校录取攻读更高等级学位后，去程和学成归国时的路费可以报销。

　　获得奖学金的学生每年还可以获得一次名为"学业包"的补助，补助金额根据地区不同而有所差异。补助金可用于购买学习用品、支付为完成毕业论文或实习报告时而产生的相关费用，学生需提供票据等证明材料才可报销。对于获得 C、D、E 类奖学金且在非洲法郎区内学习的学生，"学业包"补助金额为 90 000 西非法郎，不在非洲法郎区内读书的学生则为

[1] "—"表示此区域不发放该类别奖学金。该表格中欧洲和亚洲地区奖学金金额根据国家经济发展程度而有所不同，因此以区间表示。

180 000 西非法郎，F、G 类的"学业包"补助金为 270 000 西非法郎。

2019 年 3 月 29 日，加蓬通过了一项新的奖学金政策，即《0079/PR/MESRSTT 号规定》，全称为《关于奖学金、学业补助和助学贷款的评定、取消、分类和发放方式的规定》，这是对 2012 年《0404/PR/MENESTFRSCJS 号规定》的修订，新的奖学金政策对于申请者的学历、成绩、年龄做了更严格的规定。具体改动如下。

第一，奖学金只针对高等教育阶段，申请者必须具备高中毕业会考文凭。

第二，C、D、E、F 类奖学金分别增加了关于年龄和成绩的限定条件。进入高等教育的高中毕业生，申请时不得超过 19 周岁，需持有高中毕业会考文凭或国家承认的其他同等文凭且平均成绩不低于 12 分；已进入高等教育第一阶段（本科阶段）的学生，申请时不得超过 22 周岁，本科一年级时获得 60 学分或平均分不低于 12 分，本科二年级时共获得 120 学分，或平均分不低于 12 分；已进入高等教育第二阶段的硕士研究生，申请时不得超过 23 周岁，本科三年级时共获得 180 学分或平均分不低于 12 分，硕士一年级时获得 60 学分或平均分不低于 12 分；已进入高等教育第三阶段的博士研究生，申请时不得超过 25 周岁，已获得硕士学位且等级为优，或持有同等级文凭且平均分不低于 14 分。针对职业技术教育的学生，申请者需要在 4 年内获得普通教育或技术类高中毕业会考文凭，且申请时不得超过 27 周岁。

该文件还规定，当连续两次不及格、被开除、学分为零、证明材料未按时递交、弄虚作假时，将取消奖学金资格。义件对奖学金获得者增加了后期社会服务的附加条件，奖学金获得者如已经工作，须告知奖学金办公室，并进行为期 5 年的、符合其教育水平的公益活动，违反此规定者连同其所在工作单位一并处罚。

第二节 实施与挑战

一、教育法律法规缺乏系统性

加蓬目前执行的教育基本法仍然为 2012 年颁布的《21/2011 法》，《21/2011 法》为学前教育、基础教育、高等教育、职业技术教育、科研活动等教育各阶段和各方面指明了总体方向，但加蓬至今没有针对任何一个教育阶段出台专门的法律法规。学费调整、教师培训、校长任命、研究人员工作时长等事务往往是通过单独出台的某项政令或教育部规定而进行的"补漏"式说明。相对于其他领域法制的逐步健全，加蓬教育领域法律法规和政策制定缺乏系统性。增强教育领域立法的系统性、整体性和协同性是教育良性发展的基本保障，促进教育领域的科学立法、民主立法、依法立法，统筹立改废释纂是加蓬的重要任务，

二、奖学金政策执行受阻

近五年，加蓬一直在进行大大小小的各种教育改革，其主题总结起来基本可归结为以下两个方面，一是解决薄弱的师资力量、落后的基础设施与日益增长的学生数量之间的矛盾；二是调整教育收费方式，解决教育经费不足的问题。但相关政策一出台便招来民众的批评和抗议，甚至引发游行示威活动。奖学金政策的一系列调整正是政府教育改革推行受挫的证明。

2019 年的奖学金政策指出，"本法案旨在改革奖学金制度，使之更适应经济发展的现状和需求"。在 2019 年的奖学金政策中，政府新增了对申请者年龄的限制，但同时也考虑到了超龄人群的教育经费问题，对年龄超过 19

周岁的学生发放学习补助，以部分地解决他们的学费问题，但条件是学生已获得高中毕业会考文凭且平均分不低于 12 分，补助数额以及发放年限一直未确定。此外，政府希望通过银行助学贷款的方式资助这部分人群，助学贷款为期 5 年，由学生家庭和政府进行双重担保。但助学贷款政策在加蓬实行起来困难重重。首先，贷款能够良性运行的先决条件是受助者能够在学业结束后迅速找到工作，并偿还贷款，而目前加蓬失业率居高不下，很多毕业生难以在短期内找到工作，更遑论还贷。其次，家庭条件是银行贷款发放的重要考核条件，许多大学生之所以申请贷款正是由于家庭贫困，这部分人群的家庭不具备贷款担保的条件。最后，在助学贷款的数额方面，加蓬政府缺乏调研，标准不明确。根据加蓬大学生信息平台的数据估算，从本科一年级到硕士二年级所产生的学习费用可能高达 690 万—1100 万西非法郎，让学生在 5 年之内偿还清根本不现实。

2019 年的奖学金政策修改方案，因其实施条件过于严苛而遭到学生和家长的强烈反对，反对意见主要集中在年龄限制和奖学金从普及化调整为精英化两方面，反对者认为这不符合加蓬的社会和教育现实。

面对奖学金改革受阻的情况，2021 年 4 月，加蓬政府再次修订了奖学金法案，这一轮修订主要体现在以下方面：奖学金申请者必须持有高中毕业会考文凭且平均分须达到 10 分；普通高等教育的奖学金申请者年龄不超过 22 周岁，职业教育的奖学金申请者不得超过 27 周岁，技术教育的奖学金申请者不得超过 24 岁；残疾人申请条件可以放宽，如不计平均分等。新规定从 2021—2022 学年开始执行，新的奖学金制度落实情况如何，有待观察。

第十一章 教育行政

第一节 中央教育行政

一、国家教育、培训和科研委员会

加蓬的《21/2011 法》对教育管理的行政机构进行了明确的规定，涉及范围包括学前教育、普通中小学教育、高等教育等传统教育领域，也包括了职业技术教育和科学研究事务。根据该法，加蓬成立了国家教育、培训和科研委员会，这是主管教育、科研和培训事业的国家最高机构，接受总统的直接领导，负责全国范围内教育和培训方案的实施、教育基础设施建设、教育质量评估等工作。国家教育、培训和科研委员会的主要负责人包括总统，总理，国民教育–高等教育–科研部部长（主要报告人）；其他成员包括外交部部长，职业技术教育部部长，职业培训部部长，健康和社会互助部部长，家庭和社会事务部部长，文化、青年和体育部部长等十几个部长。

国家教育、培训和科研委员会每年召开一次全体大会，特殊情况下可召开临时大会。国家教育、培训和科研委员会设有秘书处，负责起草文件和处理日常行政事务。秘书处设在国民教育–高等教育–科研部内部。

在委员会的各成员部委中，国民教育–高等教育–科研部为教育事业的主要负责机构，而之所以还需其他部委参与是因为许多教育机构、受众人群、行政事务与其他部委的职责范围关系密切。

一些部委拥有教育机构的部分主管权力。例如，财政部不仅管理教会学校和世俗私立学校的财政补助，还主管国立行政学院和行政管理预科学校；邮电部主管国立邮电学院；住房、城市化、环境和可持续发展部主管国立地籍管理和地理科学学院。卫生、社会事务、社会互助和家庭部参与儿童成长和教育的部分事务，而农业、畜牧业、渔业和农村发展部负责管理国立农村发展学院以及开展农村人口的扫盲活动。

一些特殊专业的高校隶属于某些部委。例如，中部非洲经济与货币共同体加蓬财经学院和非洲计算机学院隶属于经济–商务–工业–旅游部，富加穆公共工程学院隶属于设备、基础设施和国土规划部，国立森林和水资源管理学院隶属于水利和森林资源部，高级军官学院隶属于国防部。

二、教育部

2009 年，加蓬中央政府中负责教育事业的部委主要有 4 个，包括国民教育部、职业技术教育部、高等教育和科研部，以及科学技术发展部。

2010 年，四个部委协同办公，更名为国民教育–高等教育–科研部。合并后的国民教育–高等教育–科研部负责全国学前教育、小学教育、中学教育、高等教育、科研和技术转化等多个教育阶段和研究领域的政策执行工作。2014 年 1 月 28 日，加蓬又成立职业培训部，主管职业教育和促进就业相关事务。

国民教育–高等教育–科研部下设秘书处、投资规划和设备司、信息系统司、文化遗产和设备司、考试管理司、学校教育和师范教育司、法务司、职业技术教育司、数据和规划司、教育和教学司、人力资源司、教育机构管理司、教材和软件司、信件管理司、财务司、奖学金办公室等。有三个部门因其特殊性着重介绍。

（一）国家教育研究院

国民教育-高等教育-科研部下设的教育和教学司负责管理全国中小学教学机构，下设多个机构，其中包括国家教育研究院。国家教育研究院并非教学机构，而是专门制定教学计划、教学目标和教学大纲的官方机构。国家教育研究院制定的文件须提交国民教育部审核。

（二）考试管理司

国民教育-高等教育-科研部下设考试管理司，考试管理科协调、监督全国各种官方考试的准备、实施和证书颁发工作，与其他机构合作建立同等级别文凭认证体系，建立考试数据库。考试管理司下设机构包括高中毕业会考管理处、合格性考试处、选拔性考试处、学位管理处。

高中毕业会考管理处负责协调各单位高中毕业会考事务、制定会考预算、审核考生材料、确定考试名单、准备考场、组织命题、监考、阅卷、公布成绩、颁发证书、与其他单位商讨同等级别考试替换机制等。高中毕业会考管理处下设高中毕业会考管理办公室、命题办公室、试卷运输办公室、考生注册办公室。合格性考试处负责协调全国中小学的各项毕业考试以及师范类学校招生考试事宜，具体事务与高中毕业会考管理处类似。选拔性考试处负责协调全国范围内公共部门和教育机构内部的选拔性考试和对外入学考试。学位管理处负责出台学位管理文件、制定预算、整理数据、制作学位工作年鉴、汇总学位材料。

（三）奖学金办公室

根据 2011 年的《660 号总统令》以及高等教育部 2021 年的《0003 号规定》，加蓬成立了奖学金办公室，奖学金办公室隶属国民教育-高等教育-科研部，负责管理全国奖学金，旨在帮助学生顺利完成高等教育学业。奖学金办公室下设管理委员会、总办公室、会计部、技术委员会四个部门，主要工作包括审核国内外特殊教育机构和高等教育机构中的奖学金申请者（包括学生和高水平运动员）的材料，发放、中止、更新或取消各类国家奖学金，审核和管理奖学金获得者（包括学生和高水平运动员）的车旅票据（报销车旅费之用）。[1]

第二节　地方教育行政

一、地方教育行政构成

加蓬全国划分为 9 个省，下辖 48 个州、27 个专区、150 个区、737 个镇、2 423 个自然村。为了保证教育政策的有效落实，中央教育部门在地方分设了地方教育主管部门及相关负责人，地方教育行政相关人员主要包括省教育督导、学区教育督导和各教育机构负责人，他们共同参与整个国家的教育管理活动。

---

[1] 资料来源于加蓬奖学金办公室官网。

（一）省教育督导办

为了保证教育决策能够得到统一执行，20世纪80年代，加蓬政府在每个省成立了一个教育督查机关，全国一共有9个教育督查机关。1983年2月18日的教育部《00026号规定》明确了教育督查机关的职能，其职能包括建设教育硬件设施、行政管理、制定预算、审核奖学金、管理教育活动、监督教学大纲执行情况等。2010年，加蓬实施改革，教育督查机关更名为省教育督导办，省教育督导办为加蓬中央政府设置在各省的教育管理代表，为省一级最高教育领导机构，同时也是省长顾问机构。其办公室地点见表11.1。

省教育督导下为教育副督导和办公室相关工作人员，他们负责整理本省的教育机构名单，管理注册在籍的教师、大中小学生，管理考试事务等。

表 11.1 加蓬各省教育督导办办公室地点

省份	办公室地点
河口省	利伯维尔
上奥果韦省	弗朗斯维尔
中奥果韦省	兰布雷内
恩古涅省	穆伊拉
尼扬加省	南奇班加
奥果韦-伊温多省	马科库
奥果韦-洛洛省	库拉穆图
滨海-奥果韦省	让蒂尔港
沃勒-恩特姆省	欧耶姆

（二）学区教育督导办

为了便于对全国范围内的学前教育和基础教育进行管理，加蓬政府在省级行政区划的基础上成立了 24 个就学注册区，简称学区（见表 11.2）。每个学区设立督导办，由一位学区教育督导主管，学区教育督导负责学区的行政、教学、教育设施、师资管理事务，并向其所属省教育督导汇报工作。为了方便学生就近入学和提高管理效率，加蓬又在 24 个学区的基础上将部分较大的学区进一步细分为教育基础区。目前共有 16 个教育基础区，每个教育基础区的主管领导为教育基础区顾问。

表 11.2 加蓬 24 个学区

省名	学区名称
河口省	河口
	利伯维尔中
	利伯维尔东
	利伯维尔北
	利伯维尔南
上奥果韦	上奥果韦中
	上奥果韦北
	上奥果韦南
中奥果韦	中奥果韦
恩古涅省	恩古涅中
	恩古涅北
	恩古涅南
尼扬加省	尼扬加北
	尼扬加西

省名	学区名称
奥果韦－伊温多省	奥果韦－伊温多中
	奥果韦－伊温多西
	奥果韦－伊温多东
奥果韦－洛洛省	奥果韦－洛洛北
	奥果韦－洛洛南
滨海奥果韦省	滨海奥果韦
沃勒－恩特姆省	沃勒－恩特姆中
	沃勒－恩特姆北
	沃勒－恩特姆东北
	沃勒－恩特姆南

学区教育督导是地方教育官员，位于整个教育管理体系的最基层，负责学区内的教学和行政事务，是学区的第一责任人。学区教育督导参与中小学教师招聘工作、考核本地教学机构运营情况和环境设施、清点教学器材、检查教学计划执行情况并向教师提出意见和改进措施。学区教育督导还需要向上级部门提交针对本学区的规划方案和研究报告，因此，学区教育督导自身的素质和能力对于一个学区的发展至关重要，一般情况下，学区教育督导需要有担任教学顾问的经历，再经过选拔性考试进入国立高等师范学院。目前，加蓬部分边远地区的学区教育督导工作条件比较艰苦，交通工具和电脑设备配置落后，这严重影响他们走访本学区各教学机构和撰写工作报告的效率。[1]

教育基础区顾问与学区教育督导部分职能相似，但教育基础区顾问着

---

[1] 资料来源于《团结报》官网。

重监督教学大纲和教学周历的执行情况。

（三）教育机构管理人员

加蓬的公立学校校长由政府任命。私立机构中，教会学校的校长先由教会机构提名，再由政府任命，世俗私立学校的校长由学校董事会或学校所有人指定，但学校的运营必须遵守国家的相关制度。

二、教育管理的去中央化改革

加蓬的教育历史与殖民历史密不可分，教育行政管理方式也照搬了法国中央集权管理的模式。在独立最初的几年里，全国各地的教育事务都由中央统一决定，中央通过国民教育部、高等教育部等直接进行教育行政管理，从而保证从中央到地方的政策统一性。

随着经济发展，加蓬高度集中的教育行政管理体制日益显现出其弊端，中央管理机构无法全面掌握各地区的实际情况，无法制定出有针对性的决策。为了便于对地方教育事务进行管理，早在 20 世纪 80 年代，加蓬政府在 9 个省对应成立了 9 个省教育督查机关[1]。1996 年 6 月 6 日，加蓬出台《15/1996 法》，提出了去中央化的原则，教育的去中央化改革逐步展开。

表面上看，加蓬在 9 个省设立的教育督查机关和省教育督导都是教育管理去中央化的体现，但事实上，正如 2002 年加蓬《全民教育规划》中指出："九个教育督查机关是中央行政的接力站，而非去中心化的地方教育行政主管，教育督查机关没有自主决定的权力，也不掌握财务、人力和物质

---

[1] 2010 年，省教育督查机关更名为省教育督导办。

资源。"[1]

直至今日，利伯维尔依然集中了大量教学资源，而农村地区尤其缺乏相关资源，省教育督导办往往也无法就本地特有的教育问题给出令人满意的解决方案，其工作人员的资质常常遭人诟病，甚至国民教育部的报告也毫不留情地指出，省教育督导"只负责提交报告和工作日志，其中既无工作轻重缓急的考量，也毫不讲究工作方法。"[2]高度集中的管理方式导致教育行政效率低下，有时候教育系统任命一个人需要 25 个领导的章，此外，中央和地方教育行政系统之间以及地方教育行政与各教育系统之间沟通难度大，了解地方实际情况的省教育督导无法参与协调本地教育政策落实工作。

中央统一制定教育政策本质上反映了加蓬政府希望通过统一的教育政策保证每个加蓬公民都能够平等享有教育权利的意愿，但政策落实过程中受到各种因素的制约，因此地方政府、省教育督导、教育机构等各级教育活动参与者需要有表达自己诉求的途径。在涉及地方实际情况的时候，解决问题的关键不是绝对的"平均"和"统一"，而是需要中央通过考核等方式，调节中央和地方的教育权力，地方则从实际情况出发，发挥自己的主观能动性。

---

[1] MEFANE B. Plan d'action national éducation pour tous[R]. Libreville: Ministère de l'Éducation nationale, 2002: 25.

[2] MEFANE B. Plan d'action national éducation pour tous[R]. Libreville: Ministère de l'Éducation nationale, 2002: 22.

第十二章 中加教育交流

第一节 双边关系概况

1974 年 4 月 20 日，加蓬与中国建立外交关系。加蓬地处非洲中西部，有着丰富的木材、石油、锰矿砂等自然资源，素有"资源宝库"和"绿金之国"的美誉，中国已成为加蓬重要进口来源国和出口国。进入 21 世纪以来，双边关系形成多层次、全方位发展的格局，并呈现出继续蓬勃发展的势头。

一、政治交往

中加关系的一个显著特点是双方互访频繁。例如，在加蓬访华方面，加蓬总统阿里·邦戈曾先后 11 次来到中国，称中国是可信赖的朋友。2010 年，阿里·邦戈总统出席了上海世博会的开幕式；姆巴总理出席了上海世博会加蓬国家馆日活动。2020 年，加蓬贸易、中小企业和工业部部长出席第三届中国国际进口博览会暨虹桥国际经济论坛开幕式线上视频会议。 在中方访问或会见加蓬方面，2004 年，时任国家主席胡锦涛访问加蓬。2010 年，时任教育部部长袁贵仁出席加蓬独立 50 周年庆典。2015 年，国家主席习近平出席中非合作论坛约翰内斯堡峰会期间会见阿里·邦戈总统。2018 年，外交部部长王毅访问加蓬。

二、经贸往来

1974 年 10 月，中加双方签署《中华人民共和国政府和加蓬共和国政府经济技术和贸易协定》。2006 年 8 月，中加重签《贸易协定》。1997 年 5 月，中加签订《中华人民共和国政府和加蓬共和国政府投资保护协定》。2018 年 9 月，双方签署《中华人民共和国政府和加蓬共和国政府对所得避免双重征税和防止逃避税的协定》。自 20 世纪 90 年代以来，中国与加蓬双边贸易额总体呈增长态势。2019 年，中加双边贸易额为 50.2 亿美元，同比增长 49.2%。[1]

加蓬已成为中国在中西非地区的第二大贸易伙伴。中方主要从加蓬进口木材、原油、锰矿砂等，向加蓬出口纺织品、小五金、家用电器、机电产品。中加商界往来频繁，合作前景广阔。

中国企业积极参与当地基础设施建设工作，在道路、电信、电力、房建等领域承揽了一批重要项目，推动了加蓬的经济发展。2016 年 12 月，双边关系提升为全面合作伙伴关系，这为双边经贸合作注入新的动力。2020 年 1—12 月，中国与加蓬双边贸易额达 36.3 亿美元，其中中方出口 4.2 亿美元，进口 32.1 亿美元。中国企业对加直接投资额为 778 万美元，在加新签工程承包合同额 8 亿美元，同比增长 220%。[2] 目前，在加蓬的中国公司已达数十家，其经营范围覆盖了道路、桥梁、石油化工、通信、电力、渔业、木业等多个领域。

---

[1] 中华人民共和国商务部西非亚洲司. 中国–加蓬经贸合作简况（2020 年）[R]. 北京：中华人民共和国商务部，2021.

[2] 中华人民共和国商务部西非亚洲司. 中国–加蓬经贸合作简况（2020 年）[R]. 北京：中华人民共和国商务部，2021.

三、文旅合作

中加在文化、旅游领域合作密切，两国地方和民间积极开展友好交流。2004 年，加蓬中国友好协会成立。2005 年，浙江省温州市与加蓬让蒂尔港缔结为友好城市。2006 年，加蓬被列为"中国公民组团出境旅游目的地"国。2014 年，云南的舞蹈杂技演员赴加访演，庆祝中加建交 40 周年。2018 年，河南的文化艺术工作者赴加参加"欢乐春节非洲行"演出。2019 年，杭州市文艺代表团赴加蓬访演。[1]

第二节　教育交流模式

根据中国教育部国际合作与交流司的统计数据，2015 年，加蓬来华留学生数量为 282 人，其中学历生 194 人，非学历生 88 人。在 194 名学历生中，本科生 122 人，硕士研究生 60 人，博士研究生 11 人，专科生 1 人；在 88 名非学历生中，高等教育进修生 2 名，普通进修生 67 人，短期进修生 19 人。2015 年，来华留学生来自 202 个国家和地区，其中，留学生人数 500 名以上的国家和地区有 93 个，加蓬未列入其中。[2] 有来华留学生的 56 个非洲国家和地区中[3]，加蓬排名 42 位。[4]

到了 2018 年，根据教育部国际合作与交流司的统计数据，当年来华留

---

[1] 商务部国际贸易经济合作研究院、中国驻加蓬大使馆经济商务处、商务部对外投资和经济合作司. 对外投资合作国别（地区）指南——加蓬（2020 年版）[R]. 北京：中华人民共和国商务部，2021：7.

[2] 中华人民共和国教育部国际合作与交流司. 来华留学生简明统计（2015）[R]. 北京：中华人民共和国教育部，2016.

[3] 2015 年，非洲共有 56 个国家和地区有留学生来华学习，共 49 792 人，其中学历生 34 064 人，非学历生 15 728 人。

[4] 中华人民共和国教育部国际合作与交流司. 来华留学生简明统计（2015）[R]. 北京：中华人民共和国教育部，2016.

学生共来自 196 个国家和地区，其中，留学生人数 500 名以上的国家和地区有 106 个，加蓬在这 106 个国家中排名第 104 位，来华留学生总数为 518 人，其中，学历生 339 名，非学历生 179 名，且本科生、硕士研究生、博士研究生、专科生和非学历生的数量都有所增长。[1]

随着中加两国在政治、经贸、文旅等领域合作的不断深入，两国在教育领域的交流也正多模式、多层次、多样化地积极开展。加蓬的孔子学院使当地学生对中国语言和文化有了更加直观的了解。中国政府和高校日趋完善的奖学金制度吸引了越来越多的加蓬学生来华留学，这些留学生与中国人民结下了深厚的情谊，他们归国后，也影响了越来越多的加蓬人。在中国的帮助下，加蓬建起了现代职业教育基础设施，进一步提高了医疗人员职业技能，同时，民间的企业员工培训和各个级别的研讨会和进修班将两国的教育交流推向新的高度。

一、孔子学院传播中国语言和文化

2016 年，加蓬总统阿里·邦戈访华时主动提出在加蓬建立孔子学院。2018 年 9 月，天津外国语大学和奥马尔·邦戈大学签署协议，共建孔子学院。2018 年 12 月，奥马尔·邦戈大学孔子学院正式招生。2019 年 1 月，正式开班上课，当年 7 月，第一批学员顺利结业。奥马尔·邦戈大学孔子学院是天津外国语大学在非洲大陆开设的第一个孔子学院，是天津外国语大学与国外高校合作开设的第 9 所孔子学院，奥马尔·邦戈大学孔子学院的成立为热爱中国文化的加蓬人打开了了解中国的窗户，助力中加合作，为两国的民心相通打下坚实的基础。

---

[1] 中华人民共和国教育部国际合作与交流司. 来华留学生简明统计（2018）[R]. 北京：中华人民共和国教育部，2019.

奥马尔·邦戈大学孔子学院建立初期,《团结报》、加蓬国家电视台等多家当地主流媒体进行了宣传,吸引了很多学生前来报名。孔子学院正式开课后,迅速在首都利伯维尔兴起一股"中文热"。2019年3月,法国国际电视五台对奥马尔·邦戈大学孔子学院进行了特别报道,盛赞其在中加两国人文交流方面做出的贡献。奥马尔·邦戈大学孔子学院的教学活动和文化活动非常丰富,满足了当地人民对中国语言和文化的好奇心。

(一)开设中文课程

第一类课程是公开的中文课程。这类课程是奥马尔·邦戈大学孔子学院的主要课程,面向大学生和社会人士,中文课根据学员中文水平分为初级班、中级班、中文快班、短期培训班等。班级规模以小班为主,人数10—30人。根据不同人群的需求,上课时间分为早、中、晚三种类型。中文课程每四个半月为一期,到2020年,已经累计开设40个班次。新冠肺炎疫情之前,奥马尔·邦戈大学孔子学院在2019年累计招生超过1 000人,中文课程爆满,这足以证明中文对加蓬学生的吸引力。加蓬目前没有其他教授中文的机构,因此奥马尔·邦戈大学孔子学院是加蓬人学习中文最正式的学堂。[1]

奥马尔·邦戈大学孔子学院中文课程的学员以奥马尔·邦戈大学的在校生为主(约占60%),此外还有待业大学生(约占20%)、中小学生(约占10%)、社会人士(约占10%)。[2]在学习目的方面,待业大学生群体的求学原因相对务实,他们将中文作为寻找工作的敲门砖。中小学生学习中文多是出于家庭的影响,父母希望他们多接触中国文化。大学生学员中大部分是外语专业的学生,他们来自英语、德语和西班牙语系,具有国际视野,

---

[1] 资料来源于《团结报》官网。

[2] 巫春峰."另一扇门打开了"——加蓬邦戈大学孔子学院纪实[J]. 中国投资(中英文),2021(10):90.

渴望学习中文，用中文拓宽自己的职业前景，希望在毕业后找到一份与中文相关的工作。还有一些学生来自经贸专业，这些学生希望借助中国物美价廉的小商品在加蓬自主创业，成为一名往返于中加两国的商人。还有的学员完全是因为热爱中国文化和历史，他们将语言视为文化的载体，通过学习中文不断加深对中华文化的理解。

第二类课程是中国企业订制的中文短期培训班。中航国际集团建设了加蓬最大的两个职业教育培训中心，这些职业教育培训中心的加蓬教师需要前往中国接受实地培训，但在此之前，他们首先要进行语言培训。奥马尔·邦戈大学孔子学院抓住机遇，于 2019 年 4 月与中航国际集团建立合作关系，帮助其培训了 25 名加蓬职业教育培训中心教师。奥马尔·邦戈大学孔子学院为这一批教师单独设计了课程，既提高其中文交际能力，又在课程中融入中国文化知识，企业定制语言培训班得到学员的一致好评。

（二）举办文化活动

除了开设中文课程之外，孔子学院还举办多种多样的文化活动，如艺术品展览，中文教材书展，关于中国书法艺术和中国传统医学的文化讲座，春节联欢活动，书法、剪纸、京剧脸谱绘制等文化体验课，中文歌曲演唱大赛，汉字书写大赛等。在春节联欢活动上，既有中国文化的展示，又有加蓬文化的亮相，这加深了中加文化之间的相互了解；书法体验课则向学生展示了中国书法艺术的博大精深。目前，累计已有千余名学生参加了奥马尔·邦戈大学孔子学院组织的各种活动。2019 年，在中国驻加使馆与加蓬外交部联合举办的庆祝中加建交 45 周年的活动中，孔院学员为 500 多名观众演唱了中国歌曲，表演了中华武术。加蓬国家电视台在黄金时段播出的中加建交 45 周年纪录片中对该孔子学院进行了专门介绍。由加蓬总统府举办的中加建交 45 周年图片展也在奥马尔·邦戈大学孔子学院举行。在中华人民共和国成立 70 周年之际，奥马尔·邦戈大学孔子学院学生在中国驻加大使馆献上了一曲荡气回肠的《大中国》，令观众印象深刻。[1]

二、奖学金种类日趋多样

根据中国教育部国际合作与交流司《来华留学生简明统计》，2015 年，非洲共有 8 470 人获得来华奖学金，其中加蓬便有 85 人，且都为学历生，占非洲留学生获得奖学金人数的 1%。而到了 2018 年，非洲共有 12 508 人获得各类来华奖学金，其中加蓬共有 118 人，占非洲留学生获得来华奖学金人数的 0.9%。其中学历生 117 人（本科 59 人，硕士研究生 41 人，博士研究生 17 人），非学历生 1 人。[2]

加蓬学生可以申请的来华奖学金种类较多，包括中国政府长城奖学金、中国政府奖学金、优秀外国留学生奖学金、"汉语桥"奖学金等中国国家级奖学金，以及各省各地和各高校提供的省级、市级和校级奖学金。多种形式的奖学金吸引了越来越多的加蓬学生来华留学，进一步推动了两国教育和文化的交流。

中国政府长城奖学金系中国教育部向联合国教科文组织提供的全额奖学金项目，由中国国家留学基金管理委员会负责此项目的招生工作及日常事务的管理工作。该奖学金仅针对普通进修生和高级进修生，原则上只安排 1 年英语授课课程。申请人须为非中国籍公民，身体健康，并有一定的年龄和学历限制。奖学金生活费由学生所在学校按月发给学生本人，标准为普通进修生 1 100 元 / 月，高级进修生 1 400 元 / 月。

中国政府奖学金系中国教育部根据与有关国家政府、机构、学校以及

---

[1] 巫春峰"另一扇门打开了"——加蓬邦戈大学孔子学院纪实 [J]. 中国投资（中英文），2021（10）：90-92.

[2] 中华人民共和国教育部国际合作与交流司. 来华留学生简明统计（2015）[R]. 北京：中华人民共和国教育部，2016.

国际组织签订的教育交流协议或达成的谅解对外提供的全额奖学金或部分奖学金。中国教育部委托中国国家留学基金管理委员会负责中国政府奖学金来华留学生的招生工作及日常事务的管理工作。针对本科生、硕士研究生、博士研究生、汉语进修生、普通进修生、高级进修生，中国政府奖学金分别设有不同的奖学金类别和颁发年限。

中国教育部还设立了优秀外国留学生奖学金，申请对象的学历要求为硕士研究生或博士研究生，奖学金内容包括免交注册费、学费、实验费、实习费、基本教材费和校内住宿费，提供生活费，提供门诊医疗服务和中国政府奖学金来华留学生综合医疗保险。

"汉语桥"奖学金颁发给在"汉语桥"系列中文比赛中表现出色的参赛选手。奖学金内容包括："汉语桥"（学位）奖学金，为获奖者提供在华攻读学位的学费、基本教材费、住宿费、伙食补贴费、综合医疗保险、一次性安置费及往返国际旅费；"汉语桥"（暑期短期研修）奖学金，为获奖者提供在华学习的学费、基本教材费、住宿费、伙食补贴费及往返国际旅费；"汉语桥"（预赛优秀选手）奖学金，为获奖者提供在华学习四周的学费、基本教材费、住宿费及伙食补贴费。

此外，加蓬留学生可以申请的国家级奖学金还有中国政府奖学金-世界气象组织项目 [1]，中国政府专项奖学金-高校研究生项目 [2]，中国政府专项奖学金-省、自治区学历生项目 [3]，中国政府专项奖学金-支持地方奖学金项目 [4] 等。除了国家级奖学金之外，中国的高校也设置了不同类别的奖学金，鼓励加蓬留学生来华学习。

---

[1] 此项目系中国教育部向世界气象组织提供的部分奖学金项目。申请人可向世界气象组织秘书处提出申请。

[2] 此项目系中国教育部旨在支持建设国际高水平大学、打造中国高等教育品牌而提供的全额奖学金项目。申请人应在规定时间内向承担此奖学金项目招生的中国普通高等学校提出申请。

[3] 此项目系中国教育部旨在加强中国与周边国家的教育交流与合作而提供的全额奖学金项目。申请人应在规定时间内向承担此项目的中国有关高等学校提出申请。

[4] 此项目系中国教育部旨在鼓励和支持省级地方政府设立来华留学奖学金的举措，中国教育部向已设立省级地方政府奖学金的地区提供全额奖学金项目。申请人应在规定时间内向承担此项目的中国有关高等学校提出申请。

三、职业技术教育基础设施建设和培训

中加两国的教育交流还体现在中国助力加蓬职业技术教育发展、提供职业技术培训师资等方面，这些教育交流既有官方层面的合作，也有企业自发的行为。在多渠道、多方位、多模式的探索和交流中，中加两国在职业技术教育和培训领域的合作结出了累累硕果。

（一）中国企业参与加蓬职业技术教育

设在加蓬的众多中国企业积极开展针对当地员工的培训工作，成为加蓬职业教育的民间力量。华为公司在加蓬承建国家光纤骨干网和提供传输设备的同时，对加方人员积极开展培训，帮助加方工程师掌握了相关技术，使加蓬89%的人口早日享受高速上网服务。2017年，华为公司在利伯维尔向17名加蓬工程师颁发技术培训结业证书。加蓬国家数字基础设施和频率局局长对华为公司的培训予以高度赞赏，认为这体现了中方对中加合作的重视。

2021年，由中国商务部批准、中国进出口银行提供优惠买方信贷、中航国际承建的加蓬职业教育中心项目首都校区竣工并揭牌。这是中航国际在西部非洲法语区国家参与的第一个职教项目，新建3所职业教育培训中心的项目将提升加蓬年轻人职业技能与促进加蓬生产加工行业发展相结合，在解决年轻人就业的同时，满足工业发展的需要。

同年，成都航空职业技术学院联合中航国际成套设备有限公司、非洲加蓬恩科克国际职业教育和培训中心共建的成都航空职业技术学院加蓬分校正式成立。成都航空职业技术学院加蓬分校的成立强化人才培养的实用与实效性，有利于提高加蓬职业教育的质量，有利于建设良好的职业培训体系，深化校企合作国际化模式，是新时期中非合作框架精神的体现，助力中非职业教育多元化发展，推动了中加两国技术技能和人文交流。

（二）中国医疗人员提供技能培训

2009 年 6 月 18 日，应加蓬政府邀请，中加两国在加蓬组织了为期 15 天的人道主义医疗救援联合行动，其中一个重要环节便是专业培训。中方医务人员对加方的 200 多名参训医护人员进行了医疗救治技术、防疫防护技术、装备使用技术等方面的培训，培训分理论讲授和实践操作两个部分。

2019 年 9 月，包括加蓬在内的 13 个国家的 22 名医生在南非完成关于无创手术的培训，获得中国科学技术部颁发的结业证书。此次培训由中国科学技术部、中国科学技术交流中心主办。加蓬等国家的医生体验了具有中国完全自主知识产权的海扶刀等超声治疗系列设备，深入了解了聚焦超声消融手术，为日后投入医疗事业打下了基础。

四、研修班和研讨会

中加两国在高等教育科学研究、产业经济和中小企业发展等领域开展研究活动，通过研讨会或研修班的形式对某一行业领域或某一具体主题进行研究和讨论交流。这些线下线上研讨会对于中加两国在相关领域的政策和战略制定工作、方法和措施实施工作都有巨大的推动作用。

2014 年 6 月，中国在加林业企业培训研讨会召开。此次培训研讨会由加蓬林业部、世界自然基金会驻北京代表处和世界自然基金会驻加蓬代表处联合举办，其主题是"林业管理和企业认证"。加蓬希望在实施新兴加蓬战略计划的过程中，得到中国的帮助，希望中国企业传授先进的技术，实现互利共赢的合作目标。

2019 年 3 月，加蓬智库普罗米修斯学院 [1] 举行成立仪式暨"一带一路"

---

[1] 普罗米修斯学院成员包括现任政府官员、公私营部门人员及学界人士等，旨在为加蓬公共行动领域提供政策咨询和建议，从而影响治理者做出的决定。

研讨会。加蓬大学生代表等上百名人员参会。中加双方围绕"一带一路"倡议给非洲和加蓬带来的机遇进行了积极交流和热烈讨论。

2019 年 8 月，由中国商务部主办、湖南外贸职业学院与湖南省商务厅培训中心承办的"2019 年加蓬中小企业发展研修班"开班。研修班开设了中小企业营销管理、中小企业新媒体传播战略等课程。同时，为了让学员对中国中小企业的发展情况有更直观的了解，研修班还安排学员前往湖南、上海、浙江等地实地考察。24 名加蓬学员接受了培训，深入了解中国中小企业的产业结构、运营模式与发展战略。

2021 年 10 月，中国驻加蓬大使馆同加蓬中国友好协会以"优势互补、挖掘潜力：后疫情时代中加合作展望"为主题举办线上研讨会。与会专家学者就数字经济、教育培训、新闻媒体交流等专题进行研讨，梳理有关领域合作情况，并有针对性地提出意见和建议。

孔子学院的建立为加蓬人民了解中国语言和文化打开了一扇窗户，中国政府和各高校通过设立奖学金吸引了越来越多的加蓬学生选择中国作为留学地，并和中国结下了不解之缘。中方为加蓬援建基础设施、培训医疗人员职业技能、培训企业员工、举办研讨会和进修班，将两国的教育交流推向新的发展阶段。

第三节 案例与思考

一、加蓬人，中国情

2018 年，中国国际电视台拍摄了加蓬留学生艾度克在华的学习和生活纪录片。作为认证工程师，艾度克从事电子通信产品的检测和认证工作已有 9

年。16年前，他从加蓬来中国留学，学习电子与信息工程，毕业后留在了北京，结婚生子。艾度克认为，在中国的学习和工作让他收获良多，如果有一天他回到加蓬，将会带回很多可分享的经验。他还称赞，中国人积极工作的态度、过硬的研发能力和先进的管理方法，都值得加蓬人去学习。

加蓬留华学生联谊会前秘书长玛丽·泰雷兹·伊羌布在20世纪80年代来到中国留学，在中国求学10多年，毕业回国已有20多年，但她依旧能讲一口流利的中文。目前，玛丽所在的加蓬留华学生联谊会已有200多名成员，他们都曾在中国留学，都会讲中文。联谊会的主要目标是保持联络，推动中加友谊。受玛丽的影响，玛丽的弟弟和女儿都选择到中国留学，在中国学习生活了很多年。[1]

上述人物并非个案，在中国的加蓬留学生对中国亲切友好的态度和对中国美好的记忆影响了越来越多的加蓬人，他们愿意与中国亲近，很多人都选择来华留学或工作。这是教育交流为两国人民带来的积极影响，必将进一步推动两国在更多领域的深入合作。

二、中加教育交流的挑战和思考

相较世界其他国家而言，加蓬来华留学生数量处于中下水平，且这并不仅仅是因留学生来源国人口绝对量少而致。以赤道几内亚为例，2018年，该国的人口总数为130.9万人，其来华留学生为1 075人；而同年加蓬人口总数为211.93万人，[2] 但来华留学生仅518人，不到赤道几内亚来华留学生人数的一半。[3]

---

[1] 蒋伊晋. 非洲加蓬留华学生：我女儿学的第一门外语是中文 [EB/OL]. [2022-08-17]. https://baijiahao.baidu.com/s?id=1606968189205258899&wfr=spider&for=pc.

[2] 资料来源于加拿大谢布鲁克大学国际数据平台 "Perspective Monde"。

[3] 中华人民共和国教育部国际合作交流司. 来华留学生简明统计（2018）[R]. 北京：中华人民共和国教育部，2019.

根据联合国教科文组织统计研究所 2021 年 9 月的统计，在加蓬学生首选留学国家的前十名中，并无中国。加蓬学生留学目的国前十名主要可以分成两类，一类是欧美发达国家（如美国、法国、德国、加拿大），另一类是非洲国家（如摩洛哥、南非、突尼斯、加纳、贝宁、喀麦隆）。[1] 综合分析原因和对策，中加教育交流可以在如下几方面展开工作。

一是突破教育上的语言壁垒。由于加蓬官方语言为法语，因此对很多加蓬学生而言，选择去法语作为官方语言或通用语言的国家留学最为便捷。加蓬学生到中国留学首先要解决的是语言障碍。虽然奥马尔·邦戈大学孔子学院的中文课程为加蓬学生来华之前打下坚实的语言基础，消除他们对语言障碍的顾虑，但奥马尔·邦戈大学孔子学院中文课程的受惠人群局限于利伯维尔，其他地区的学生无法便捷地学习中文。目前，大部分中方院校为留学生开设的专业课初期以英文授课为主，中期过渡到中英文并行授课，最后为中文课程。为方便加蓬学生衔接课程，中方院校可以考虑增设以法语教授的专业课程。

二是增加文化交流。长期以来，加蓬学生对中国有刻板印象。中方要积极对外传播中国优秀文化，讲好中国故事。文化交流不仅包括新闻媒体的直接介绍，也包括已接受中国教育和职业培训的加蓬人回国后分享中国文化，这两方面的工作同等重要。

三是加强职业技术教育领域的合作并完善奖学金政策。加蓬的职业技术教育在资源分布、培训方式等方面，尚有不足。中方可在教育基础设施援建、合作办学等方面，积极参与加蓬的职业技术教育。与此同时，中国还可以针对加蓬经济发展的特殊需求设立专门的奖学金，例如，林业管理和木制家具制造的高等教育和职业培训是新兴加蓬战略计划的一个重要攻关领域，这一领域人才紧缺，可设立针对性奖学金和制定联合培养计划。

---

[1] 资料来源于法国高等教育署官网。

结　语

2016 年 9 月，国家主席习近平向首届清华大学苏世民书院开学典礼致贺信，信中指出，教育传承过去、造就现在、开创未来，是推动人类文明进步的重要力量。[1]教育是我们管窥一个国家历史、现状和未来的重要窗口，是理解民族情感和思想的切入点。

从 12 世纪班图人在奥果韦河两岸建立部落，到 15 世纪葡萄牙人在加蓬海岸进行黑奴贸易，到 18 世纪法国人对加蓬进行殖民统治，再到 20 世纪 60 年代后的独立之路，加蓬人走过了数百年艰辛的历程。独立后的加蓬利用大自然赋予的矿产、森林资源，发展经济，推动社会融合和民主改革，今日之加蓬已成为非洲最繁荣的国家之一，这块土地比以往任何一个时代都接近于自身的复兴。

独立之初，加蓬面临教育体制改革的问题。原有的教育体制是为了适应殖民需要而制定的，是加蓬通往民族独立路上的一块绊脚石，所以在独立最初的 20 年，加蓬的教育发展道路基本是徘徊在循旧的惯性和革新的需求之间。加蓬国内精英强烈要求进行教育体制改革，迅速提高教育质量，让全国所有儿童，不分性别和出身，都平等享有受教育权，在这一过程中不乏成功与失败的尝试。

---

[1] 中华人民共和国教育部. 习近平向首届清华大学苏世民书院开学典礼致贺信 [EB/OL]. [2022-08-09]. http://www.moe.gov.cn/jyb_xwfb/gzdt_gzdt/201609/t20160911_280736.html.

经过半个多世纪的努力，加蓬在学前教育、基础教育、高等教育、职业技术教育、成人教育、教师教育等多个方面取得了长足的进步。为了解决过度依赖石油的问题，加蓬提出关于经济转型的新兴加蓬战略计划，以及与之相关的"绿色加蓬""工业加蓬""服务业加蓬"的发展计划，通过培养大批适应多元经济发展的合格劳动力，吸引外商投资，增加就业岗位，提高企业生产力，缩短与世界其他国家之间的差距。新兴加蓬战略计划的基础之一便是提高劳动力的素质，使之适应社会经济的发展。"育才造士，为国之本"，教育在这其中的地位举足轻重。

加蓬的学前教育起步较晚，且无现成的模式可以套用。面对城乡差异和地区差异，加蓬利用各种社会资源发展学前教育，利用学前班、托儿所、幼儿园等，有针对性地满足不同群体的启蒙教育需求。学前教育的发展在一定程度上对基础教育的发展起到了促进作用。

在基础教育方面，加蓬的小学入学率不断提高，目前已基本达到100%，在非洲撒哈拉以南国家和地区中位居前列，且城乡差异不大，男女生的净入学率基本持平，这一成就得益于长期以来国家在就业和社会环境中强调的男女平等的理念。在世界三大地区性学生评价项目之一的"非洲法语国家联盟教育系统分析项目"中，加蓬小学阶段的法语和数学教学质量可圈可点。秉持文化多样性的理念，加蓬的小学课程本地化改革在塑造非洲文化价值观和学习欧洲技术文明之间寻找平衡，体现为本土文化与西方文化的共存性和平等性。在中等教育阶段，加蓬沿用法国的中学教育模式，通过细致的分科机制有效地对学生进行普通教育、职业教育、技术教育分流，且普通教育、职业教育、技术教育能与高等教育有效衔接。

在高等教育方面，1970年，加蓬第一所高等院校奥马尔·邦戈大学建立，自此，加蓬迈开高等教育发展步伐，马苏库科学技术大学、国立高等师范学院、国立技术教育高等师范学院、高等文秘学院等高校纷纷建立。随后，加蓬整合高校资源，在分散最初几所公立大学硬件设施和教师资源的同时，突出各院校的学科优势。为了与欧盟高等教育改革同步，2007年，加蓬的大学和高等专科学校开始实行与欧盟统一的本—硕—博高等教育体系，保证了高等教育机构在教育质量标准的制定和实施工作上的统一性，推动了各个高等教育机构之间的文凭互认工作，有助于增加学生、教师和科研人员的校际流动。

进入21世纪以来，加蓬大力发展职业技术教育。为提高职业技术教育的注册率，优化教学方法和手段，提高教学质量，加蓬提出了一系列改革计划。除了依托本国政府和企业的资金支持外，加蓬还借助国际组织和其他国家及地区的资源与经验，革新教学内容，拓宽职业技术教育发展空间，推动职业技术教育证书认定工作，提高企业在职业教育中的参与度。

在学历教育之外，加蓬坚持发展成人教育，其措施包括持续开设扫盲班。经过多年的努力，加蓬的文盲率从80%降到17%以下。加蓬注重扫盲教育与职业培训的结合，建立扫盲班和小学教育的能力对应体系，帮助在扫盲班取得一定文化成绩的成年人进入职业培训中心继续接受训练，巩固扫盲教育成果的同时，为社会边缘人群提供融入社会、创造价值的机会。

正如非洲开发银行在2011年的愿景文件《非洲50年：通向包容性发展之路》中指出的，"如果重视投资教育和培训，发掘其青年的潜力，非洲将成为最具活力和生产力的经济体。"年轻的加蓬在独立后所取得的教育发展成果充分证明了它崛起的雄心和能力，让世界看到了它掌握自身命运、实现民族振兴的希望。但是，我们不能忽视加蓬教育发展中的种种困境。本书反复论述的一个问题便是居高不下的不及格率。较高的不及格率无论是在基础教育阶段还是高等教育阶段或是职业技术教育中，都是加蓬面临的严肃问题。教育中的不及格现象已经引发了严重的财政和社会问题。居高不下的不及格率背后反映的是加蓬教育发展过程中交织的矛盾：日益增长的学生数量和有限的教学资源之间的矛盾，自力更生与依托国外资源发展教育的矛盾，城乡差异、地区差异、公立和私立教育资源差距对教育公平提出的挑战等。要应对这些问题，加蓬需要制定有效的包容性增长政策，消除贫困和歧视，增加教育投资，建设和升级教育设施，为所有人提供平等、安全和有效的学习环境。

自 1974 年加蓬与中国建立外交关系以来，中加两国的教育交流与合作不断增多，交流与合作的形式和内容日趋多样，从最初的互派留学生，发展到现在的多层次、多领域、多形式的教育交流与合作项目。奥马尔·邦戈大学孔子学院的成立为热爱中国文化的加蓬人打开了了解中国的窗户，为两国的民心相通打下更为坚实的基础。中国政府和高校设立各类奖学金吸引了来自五湖四海的留学生，越来越多的加蓬学生选择中国作为留学目的地，并因此和中国结下不解之缘。中加两国的教育交流并非加蓬留学生来华的单向交流，中国还为加蓬援建教育基础设施、培训医疗人员的职业技能、举办行业研讨会和进修班，这些合作将两国的教育交流推向新的发展阶段，见证中加两国在纷繁复杂的世界格局中谱写守望相助的故事。

文明交流互鉴是推动人类进步和世界和平发展的重要动力。中加两国在教育和文化的交流中坚持真诚友好、平等相待，互利共赢、共同发展的原则，实践着不同文明美美与共、和谐共生的理念。希望本书能够帮助读者一览加蓬教育事业的前世今生。这本书写下的是加蓬教育走过的路，未曾写下的是中国和加蓬人民共同远眺的前行之路，而它值得我们共同期待。

参考文献

一、中文文献

安春英. 加蓬 [M]. 北京：社会科学文献出版社，2005.

陈逢华，靳乔. 阿尔巴尼亚文化教育研究 [M]. 北京：外语教学与研究出版社，2021.

冯增俊，陈时见，项贤明. 当代比较教育学 [M]. 2 版. 北京：人民教育出版社，2015.

顾明远. 顾明远教育演讲录 [M]. 北京：人民教育出版社，2014.

国家信息中心"一带一路"大数据中心. "一带一路"大数据报告（2017）[M]. 北京：商务印书馆，2017.

贺国庆，朱文富，等. 外国职业教育通史 [M]. 北京：人民教育出版社，2014.

黄雅婷. 塔吉克斯坦文化教育研究 [M]. 北京：外语教学与研究出版社，2021.

教育部课题组. 深入学习习近平关于教育的重要论述 [M]. 北京：人民出版社，2019.

李安山. 非洲现代史 [M]. 上海：华东师范大学出版社，2021.

李洪峰，崔璨. 塞内加尔文化教育研究 [M]. 北京：外语教学与研究出版社，2021.

刘辰，孟炳君. 阿联酋文化教育研究 [M]. 北京：外语教学与研究出版社，2021.

刘迪南，黄莹. 蒙古国文化教育研究 [M]. 北京：外语教学与研究出版社，2021.

刘捷. 教育的追问与求索 [M]. 北京：人民出版社，2021.

刘捷. 专业化：挑战 21 世纪的教师 [M]. 北京：教育科学出版社，2002.

刘进，张志强，孔繁盛. "一带一路"高等教育研究（2019）：国际化展望 [M]. 北京：北京理工大学出版社，2020.

刘生全. 教育成层研究 [M]. 北京：教育科学出版社，2011.

刘欣路，董琦. 约旦文化教育研究 [M]. 北京：外语教学与研究出版社，2021.

卢晓中. 比较教育学 [M]. 北京：人民教育出版社，2020.

陆有铨. 教育的哲思与审视 [M]. 北京：人民教育出版社，2016.

奈特. 非洲高等教育国际化 [M]. 杭州：浙江大学出版社，2013.

秦惠民，王名扬. 高等教育与家庭流动 [M]. 北京：科学出版社，2019.

秦惠民. 教育法治与大学治理 [M]. 北京：人民出版社，2021.

仳钟印. 东西方教育的覃思 [M]. 北京：人民教育出版社，2017.

石筠弢. 学前教育课程论 [M]. 2 版. 北京：北京师范大学出版社，2014.

孙有中. 跨文化研究论丛. 第 3 辑 [M]. 北京：外语教学与研究出版社，2020.

滕大春. 教育史研究与教育规律探索 [M]. 北京：人民教育出版社，2019.

瓦尔克尔. 加蓬史略 [M]. 山东大学翻译组，译. 济南：山东人民出版社，1975.

王承绪，顾明远. 比较教育 [M]. 5 版. 北京：人民教育出版社，2015.

王定华，秦惠民．北外教育评论：第 2 辑 [M]．北京：外语教学与研究出版社，2021．

王定华，杨丹．人类命运的回响——中国共产党外语教育 100 年 [M]．北京：外语教学与研究出版社，2021．

王定华．教育路上行与思 [M]．北京：人民出版社，2020．

王定华．美国高等教育：观察与研究 [M]．2 版．北京：人民教育出版社，2021．

王定华．美国基础教育：观察与研究 [M]．2 版．北京：人民教育出版社，2021．

王定华．新时代高品质学校建设方略 [M]．长春：东北师范大学出版社，2019．

王定华．中国基础教育：观察与研究 [M]．北京：人民教育出版社，2021．

王定华．中国教师教育：观察与研究 [M]．北京：人民教育出版社，2020．

王吉会，车迪．刚果（布）文化教育研究 [M]．北京：外语教学与研究出版社，2021．

王晶，刘冰洁．摩洛哥文化教育研究 [M]．北京：外语教学与研究出版社，2021．

王名扬．美国公立研究型大学内部质量改进的实证研究 [M]．北京：中国社会科学出版社，2020．

吴式颖，李明德．外国教育史教程 [M]．3 版．北京：人民教育出版社，2015．

习近平．论坚持推动构建人类命运共同体 [M]．北京：中央文献出版社，2018．

习近平．习近平谈"一带一路" [M]．北京：中央文献出版社，2018．

谢维和．我的教育觉悟 [M]．北京：人民教育出版社，2016．

杨汉清．比较教育学 [M]．3 版．北京：人民教育出版社，2015．

杨鲁新，王乐凡. 北马其顿文化教育研究 [M]. 北京：外语教学与研究出版社，2021.

苑大勇. 国际高等教育协同创新与人才培养比较研究 [M]. 北京：知识产权出版社，2020.

张方方，李丛. 安哥拉文化教育研究 [M]. 北京：外语教学与研究出版社，2021.

张弘，陈春侠. 乌克兰文化教育研究 [M]. 北京：外语教学与研究出版社，2021.

郑通涛，方环海，陈荣岚. "一带一路" 视角下的教育发展研究 [M]. 广州：世界图书出版广东有限公司，2017.

钟清清. 世界政党大全 [M]. 贵州：贵州教育出版社，1994.

朱睿智，杨傲然. 莫桑比克文化教育研究 [M]. 北京：外语教学与研究出版社，2021.

二、外文文献

EKOUMA C M. Orientation scolaire et professionnelle au Gabon: situations, contextes et enjeux[M]. Paris: L'Harmattan, 2016.

MATARI H, QUENTIN DE MONGARYAS R. Ecole primaire et secondaire au Gabon: état des lieux[M]. Paris: L'Harmattan, 2011.

MOUMOUNI A. L'éducation en Afrique[M]. 2e édition. Paris: Présence Africaine, 1998.

NZIENGUI D C. Introduction de l'histoire de l'éducation au Gabon[M]. Paris: L'Harmattan, 2008.

Ouédraogo S. Économie de l'éducation: propédeutique, guide de recherche et d'auto-formation[M]. Paris: Les Persée, 2010.